中国巴菲特
——私募崔军的创富秘籍

崔 军 口述
罗梅芳 编著
梁 琼 摄影

中国财经出版传媒集团
经济科学出版社
Economic Science Press

图书在版编目（CIP）数据

中国巴菲特：私募崔军的创富秘籍/罗梅芳编著．—北京：经济科学出版社，2017.8
ISBN 978-7-5141-8369-6

Ⅰ．①中… Ⅱ．①罗… Ⅲ．①股权–投资基金–研究–中国 Ⅳ．①F832.51

中国版本图书馆CIP数据核字（2017）第208381号

责任编辑：王红英
责任校对：杨　海
责任印制：邱　天

中国巴菲特
——私募崔军的创富秘籍

崔　军　口述
罗梅芳　编著
梁　琼　摄影

经济科学出版社出版、发行　新华书店经销
社址：北京市海淀区阜成路甲28号　邮编：100142
总编部电话：010-88191217　发行部电话：010-88191522
网址：www.esp.com.cn
电子邮件：esp@esp.com.cn
天猫网店：经济科学出版社旗舰店
网址：http://jjkxcbs.tmall.com
北京财经印刷厂印装
710×1000　16开　10印张　200000字
2017年8月第1版　2017年8月第1次印刷
印数：00001—15000册
ISBN 978-7-5141-8369-6　定价：68.00元
（图书出现印装问题，本社负责调换。电话：010-88191510）
（版权所有　侵权必究　举报电话：010-88191586
电子邮箱：dbts@esp.com.cn）

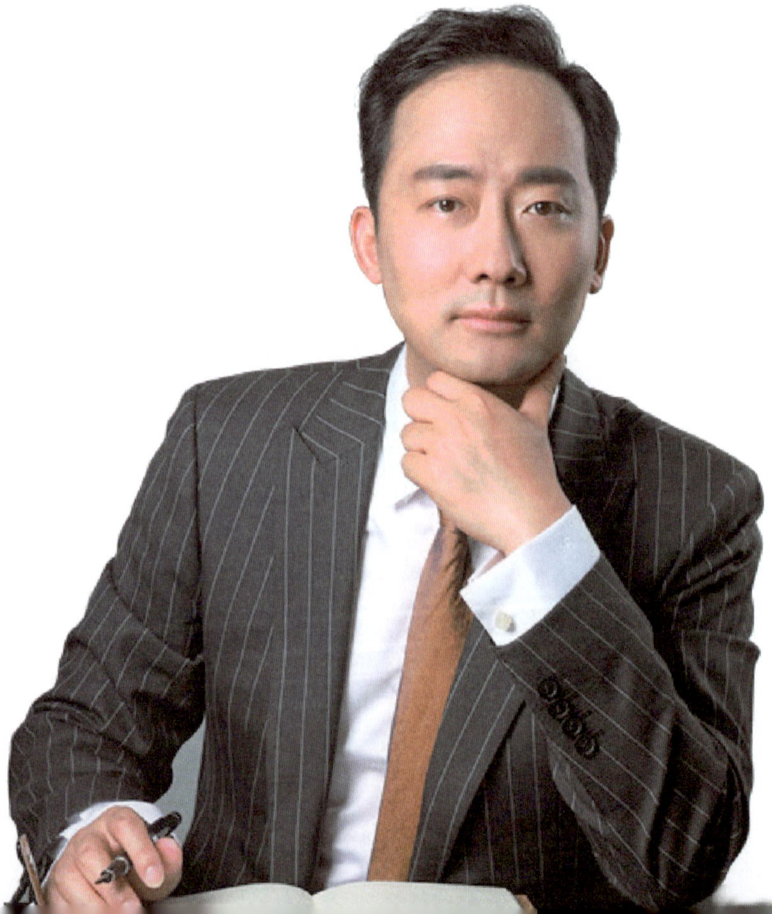

财富宣言

追求财富、成功和幸福,不但是人类天生不可剥夺的权利,而且是与生俱来不得放弃的责任和义务。

这个世界是富裕充足、应有尽有的。处处多钞票、物物皆黄金、时时有机会、行行出状元。只要我们遵循成功的法则、正当的途径,这个世界的财富是取之不尽,用之不竭的。

生而贫穷并无过错,死而贫穷才是遗憾。尤其是终其一生,无力消除贫穷,无力创造财富,更是无可宽恕的。贫穷是一种疾病、一种恶习,如果不是由于懒惰,就是由于无知;最坏的莫过于两种皆俱。贫穷不单是金钱和物资的缺乏,最主要的还是精神——信心、勇气、热情、意志和知识的欠缺。所以贫穷不仅是口袋空空,而且是脑袋空空,因此对穷人施以经常的物质救济,足以造成永久的贫穷;只有对穷人给予不断的精神激励,才能带来长期的富裕。

摘自华莱士《财富宣言》

你想成为什么样的人，就要与什么样的人在一起。要想成为亿万富翁，就要和亿万富翁在一起。

你愿意与亿万富翁做朋友吗？你想成为亿万富翁公司的股东吗？你想买到50年前伯克希尔·哈撒韦公司的股票吗？伯克希尔·哈撒韦公司的股票50年涨了3万多倍，如果你成为股东，你也会成为亿万富翁。

你可以在不懂金融的情况下变得很有钱；如果你已经很有钱了，还不懂得金融，你的钱就会离开你，投资是有钱人最后一份职业。

——诺贝尔经济学奖得主罗伯特·莫顿

很多人都不知道，在接下来的时间，约有90%中产阶级会执行"返贫计划"！这是因为，赚钱是第一财商，留住钱并正确使用金钱是第二财商。大部分人仅过第一关，却要用很长的时间来意识到第二财商；若不觉醒，大部分人则将以人性的弱点快速返贫。

天下无商不富，无股权不大富。股权投资的时代已经来临！

——崔军

投资股权就是一种收藏

在这个世界上有三种致富模式：一是打工，二是创业，三是投资股权。事实证明，投资股权而致富胜过勤劳致富。如果靠打工致富，人们的财富可能达到百万级；如果靠创业致富，财富可能达到千万级；如果靠投资股权致富，财富有可能达到亿万级。

投资股权就是一种收藏，不用看盘，不用技术分析，也不用打听消息，只需要常识即可。世界上投资股权最成功的人莫过于巴菲特，他依靠价值投资成为世界巨富，使伯克希尔·哈撒韦公司的股价在50年的时间上涨了3万倍，堪称奇迹。只要坚守正确的价值投资理念，做一个聪明的投资者，人们在未来一定会获利。

——崔军

小时候的崔军聪明过人 　　　　　19岁的崔军 　　　　　26岁的崔军

11岁时崔军与父母、弟弟的全家福

练习黑虎拳

突袭赛马实业董事会，
在2008年金融海啸中一战成名

2000年赚到第一个100万

20岁时与弟弟的合影

到九寨沟旅游

2011年3月，宝银投资成功收购陕西创赢投资理财有限公司

宝银投资举办"第一届上海私募基金价值投资论坛"

调研茅台和五粮液的销量

逼宫基金银封封转开并获利200%后，在牛排店用餐

创建宝银投资后的留影

因业绩出色，接受媒体采访

崔军被评为"最具巴菲特潜力基金经理"

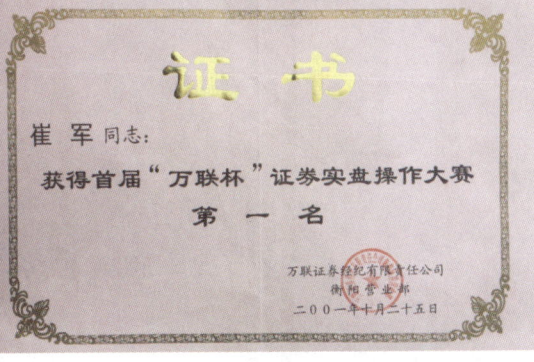

因业绩突出，获得多项荣誉

成为私募大佬后的崔军

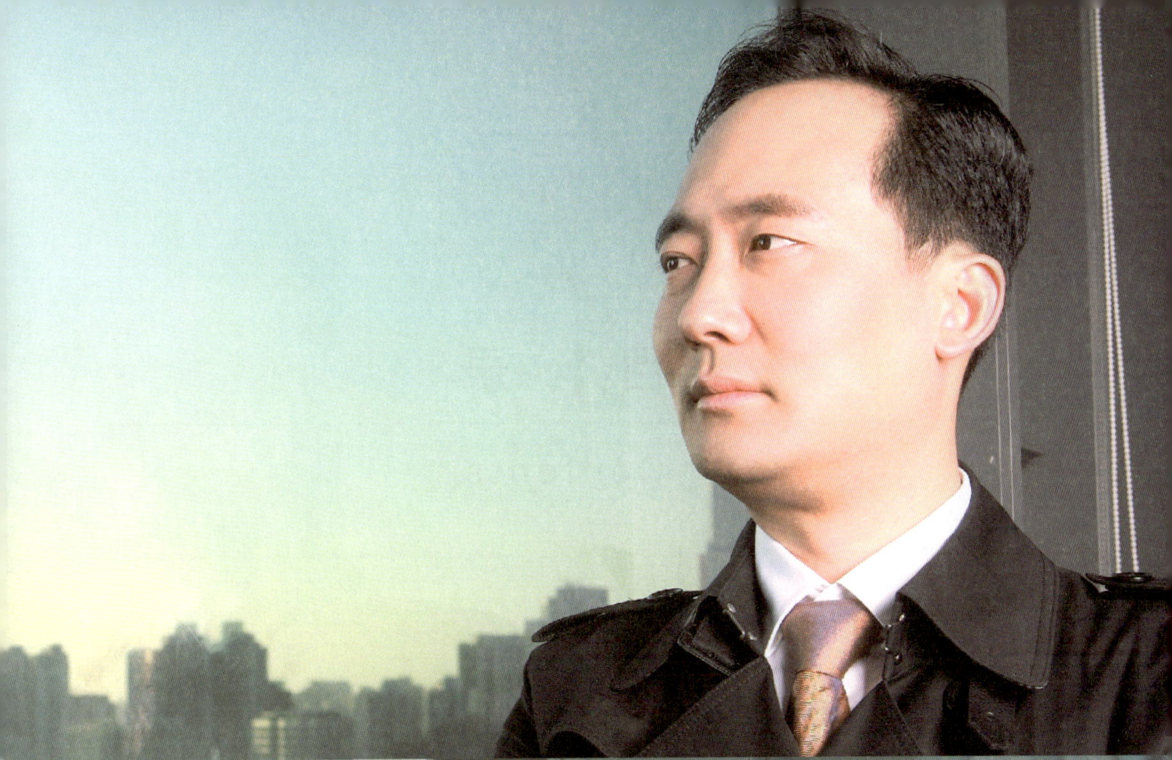

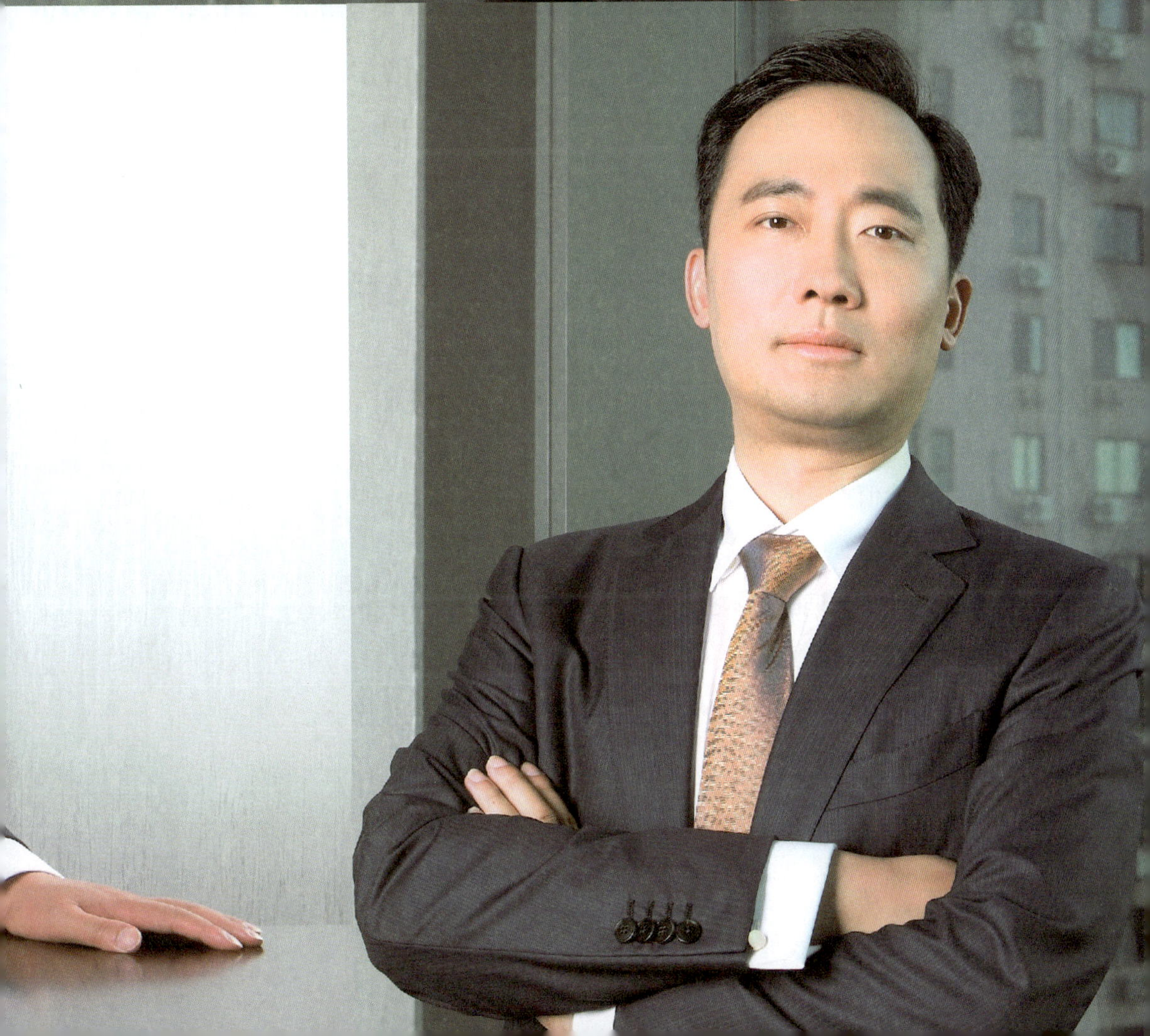

目 录
Contents

第1章 私募冠军的成长史 …………………………………………… 001
  从公务员到私募大佬：私募冠军是怎么炼成的 ……………… 002
  纯真、强健、超强自信——阳光私募的阳光个性 …………… 011
  财富的保姆，价值的导师：投资人眼中的崔军 ……………… 017
   附：媒体专访 …………………………………………………… 019

第2章 常胜不败的投资秘籍 ………………………………………… 028
  投资致胜的不二法门：价值投资 ……………………………… 029
  撬动财富的杠杆：复利原理 …………………………………… 035
  永不亏损的秘诀：安全边际 …………………………………… 039
  价值投资的心法：时刻保持理性 ……………………………… 046

第3章 风谲云诡的资本故事 ………………………………………… 049
  基金银丰封转开　私募与公募的财富对决战 ………………… 052
   附：一封私募基金给基金银丰要求召开持有人大会讨论封转开的
    公开信 ………………………………………………………… 058
  伏击赛马实业　私募基金争夺上市公司控制权第一案 ………… 059
   附：私募"亮剑"，招招封喉，上海宝银投资"围攻"赛马实业 …… 067

招行配股阻击战　建议向巴菲特增发H股 …………………… 070
　附：陕西创赢投资董事长崔军致招商银行董事长傅玉宁及
　　　全体招商银行股东的第一封公开信 ……………………… 075
　附：崔军致招商银行全体股东的第二封公开信 ……………… 078
致使5家上市破净银行回购　私募组建自救联盟 ……………… 079
　附：陕西创赢投资向5家破净银行要求回购自己股票的公开信 …… 084
对阵华北高速　再燃资本股权争夺烈火 ……………………… 087
　附：上海宝银创赢投资公司给华北高速全体股东的一封公开信 …… 091
中百集团股权之争　打造中国巴菲特战斗神话 ……………… 093
　附：上海宝银创赢投资公司致中百集团全体股东的第一封
　　　公开信 ……………………………………………………… 098
　附：上海宝银创赢投资公司致中百集团全体股东的第二封
　　　公开信 ……………………………………………………… 100
　附：上海宝银创赢投资公司致中百集团全体股东的第三封
　　　公开信 ……………………………………………………… 101
光大银行破净已久　提出优先股解困建议 …………………… 103
　附：上海宝银创赢董事长崔军向光大银行、浦发银行等16家
　　　上市银行董事会提出关于发行优先股方案的强烈建议 …… 106
交行高层集体自购　再献回购和优先股妙策 ………………… 108
　附：上海宝银创赢董事长崔军向交通银行等16家上市银行
　　　董事会提出关于发行优先股方案的第二次强烈建议 ……… 111
2015年度最大资本拉锯战　问鼎新华百货股权 ……………… 113
2012~2016年崔军历年新年致股东书 ………………………… 123
银行优先股的最优方案设计 …………………………………… 134

崔军

私募冠军
中国巴菲特

崔军，上海宝银创赢投资管理有限公司董事长。证券从业经验已有 23 年。1998 年全国博经闻荐股比赛冠军，2001 年万联杯实盘股票比赛冠军。

2006 年成功投资云南铜业、江西铜业、驰宏锌锗等涨幅达 10~25 倍的超级牛股。

2007 年 4 月起，崔军创办上海宝银投资咨询公司并担任董事长，推动基金银丰的封转开。

2008 年 7 月，上海宝银投资曾意图进驻赛马实业董事会，业界一度称作"私募基金争夺上市公司控制权第一案"。

在朝阳永续·同信证券 2010 年度中国私募基金风云榜大赛中，崔军获得了最具潜力私募精英冠军。

2010 年 4 月 1 日至 2010 年底，崔军运作的"上海宝银 2 号"账户总收益率达 287.02%，几乎是同组第二名的两倍。为进军阳光私募行业，崔军于 2011 年 3 月 1 日正式收购陕西创赢理财投资有限公司，出任公司董事长，全面接管陕国投·创赢 1 号产品。在接管陕国投·创赢 1 号的短短 42 天里，陕国投·创赢 1 号净值由 89.58 元升至 101.15 元，涨幅为 12.92%，不但成功实现扭亏，而且还大幅跑赢大盘 8.46%。

2011 年，陕西创赢理财投资有限公司获得"最佳私募基金新星奖"，创赢 2 号对冲基金获利 48.51%，同时获得"创新私募冠军"和"第一只本土对冲基金"称号。2011年1月7日,陕西创赢理财投资有限公司获得朝阳永续"最佳伯乐奖"和"优秀组合奖",同年,崔军获得年度"最佳私募新星奖"。

2012年,陕西创赢理财投资有限公司管理的五只基金全部取得绝对正收益。其中创赢2号对冲基金年获利累计达60.32%,并荣获2012年股票多空策略对冲基金业绩第一名。唯一一只没有采取对冲策略的陕国投·创赢1号,在2012年也获利24.39%,进入了阳光私募前10强名单。成立时间只有3~6个月的3只对冲基金均获得了12%~20%不等的绝对正收益。

2014年,上海宝银创赢旗下"最具巴菲特潜力杠杆对冲基金1期"以303.6%收益夺得私募冠军。在2014年私募基金收益前十名的排行中,宝银创赢雄霸四席,崔军被"500倍基金网"评为"最具巴菲特潜力基金经理"。

2015年,大盘暴跌,崔军旗下"最具巴菲特潜力杠杆对冲基金1期"却逆势斩获608%的收益,其收益位列全部股票策略对冲基金的第一名。同时,崔军操盘的"最具巴菲特潜力500倍对冲基金1期"也获利337.41%,排第三位。

第1章

私募冠军的成长史

有志者,事竟成。——刘秀

知之者不如好之者,好之者不如乐之者。——孔子

你若要喜爱你自己的价值,你就得给世界创造价值。——歌德

一个人的成功,深藏于他的成长经历。一个人的财富,植根于他的品格内涵。一个人的生命价值,来源于别人对他的需要。如果,你认同上面的论见,那么你一定会对这本书产生兴趣。这是一本什么样的书?

本书既是写一位天才、股神、私募大佬——崔军的创业经历,也是关于财富思想和投资理念的普及著作,同时也涉及由崔军主导参与的中国基金业的经典案例。通过这些理念和案例,我们可以窥探到近十年来投资市场的发展和变迁。

无论是崔军的成长经历、思想理念,抑或是实践案例,都是借助崔军对财富的理解、对资本市场的剖析、对私募基金的运作,去讲述一系列关于致富的故事,这些故事可以让你改变对财富的理解以及对资本市场的看法,可以促使你调整追求财富的方式、激发你对生活的热情和对人生理想的向往。从更深远的意义来说,编辑本书的目标在于,通过私募大佬崔军的故事,承担起金融科普和投资者教育的工作。因为,在现代这个自由文明社会中,金融启蒙和投资者教育是无上光荣的事业。

一个人的成长经历,是真正意义上的人生起点,也是个人事业历程的开场。孔子说:"十五至于学,三十而立。"也就是说,15岁到30岁,是一个人

成长的关键期。从根源上讲，15岁到20岁，大多数人都还在接受学校教育，属于生理和知识的成长期；而20岁到30岁，则是事业与社会关系的成长期。这样的成长，对于崔军而言也是如此。

事业成长期对于一个人事业的重要意义不言而喻，首先是个人知识、能力、经验的积累与提升，其次是事业方向、社会资源和人脉关系的展开与稳定，最后是人生价值、事业思想和心性品格的调整、转变与修葺。成长过程，也是漫长的学习过程，要发生许多次的探索尝试，既伴随着大量机会和可能，也布满了相当多的诱惑与陷阱。这也昭示着一个残酷的事实是：成功确实是一个小概率事件，而伴随着成功的成长更是一件稀罕事，是人生莫大的福分。

崔军的成长期，指的是从他进入金融投资行业的初期阶段，一直到独立从事证券投资行业，再到成立公司从事私募基金的这段时期。

从成长经历来看，崔军是幸运的。他生长于一个政治稳定、改革发展的时代，成长于一个社会快速转型，财富极速扩容的时代。在这个"最好"的时代，加上他个人的先天禀赋和后天努力，成就了崔军的事业。他的成长经历和奋斗历程，对于每一个想要成功的人来说，极具借鉴和学习意义。

走近崔军，从他的成长经历与从业经历开始。

从公务员到私募大佬：私募冠军是怎么炼成的

初识崔军，是在2010年的一次全国范围的私募基金评选大会上。当时，他操盘的"上海宝银2号"基金总收益率一路高歌，他本人也因此获得了"最有潜力私募精英冠军"的荣誉称号——而这只基金在2011年底，甚至获得过高达287.02%的佳绩。从2010年4月1日开始，在将近一年的时间里，这只基金几乎是同组第二名的两倍。此时，人们开始关注这个名不见经传的、获得"最具潜力私募精英冠军"的私募基金经理。2011年3月1日，崔军收购陕西创赢投资理财有限公司，正式进军私募基金领域，并接管陕国投·创赢1号基金的操作。基于以往的业绩，他很快就募集了9 000万元左右的资金进入了陕国投·创赢1号私募基金。

2011年，同样的颁奖盛典，在众多曾经风云一时的奖项得主纷纷消失的时候，他依然站在了领奖台上——这次他的奖项是"合伙制基金排名第一"。产品创赢2号·宝赢对冲在2011年全年获利48.51%。在颁奖会议现场，崔军谈及他的成功之道时，特别强调了源于"价值投资"的魅力，"我投资的秘密就在于价值投资，对于价值投资，我深信不疑。"在当时，人们对于价值投资还处于"懵懵懂懂"或者"疑疑惑惑"的状态，他却已经运用自如了。冲着崔军对价值投资的热情，笔者走近了崔军。

但凡第一次见到崔军的人，都会对他产生深刻的印象：将近一米八的个子，身材消瘦但健美，头发微卷，脸色红润。不同于大多为业绩鞠躬尽瘁、眉头紧锁的私募基金操盘手，在崔军的脸上似乎看不到压力和商场争斗的风霜。相反，他总是充满笑意。每当他笑起来的时候，嘴角上总是浮现出浅浅的酒窝，这是一种发自内心的、不带修饰的笑容，特别像一位未经世事的孩子，很纯真。事实上，崔军就是这样一位颇为"率真"和"任性"的私募大佬。

但凡了解崔军的人都知道，崔军的世界其实很简单。在他的眼里，用价值投资为高净值客户创造财富成了他的事业。从一位门外汉到如今的私募冠军，他的经历颇具传奇色彩。

● 带薪炒股，从股市菜鸟到投资高手

与诸多叱咤风云的私募大佬不同，崔军并没有傲人的学历和耀眼的工作背景，在接触股票前，他还只是一位默默无闻的公务员，整日里忙碌于琐碎的公事，生活枯燥而悠闲，也不富有。

一个偶然的契机，让崔军走上了炒股之路。那是1992年的一天，股票还是新生事物。如无数个平凡的日子一样，崔军如往常一样上班时，无意间看到的一则消息打破了昔日的平静，一个购买原始股的投资者，让本金在几年时间

增值了100多倍，实现了财务自由的梦想，以火箭般的速度从穷小子变成了高富帅。在周围人羡慕的唏嘘声中，原本骨子里就"不安分"的崔军再也无法淡定了，他开始对"股票"这个造富工具产生了浓厚的兴趣，并开始选择投资作为自己致富之道。

没钱，借钱。不熟悉股票，钻研。从此，崔军着魔般地开始投入精力进行理论的钻研，并且不断地进行炒股实践。

由于还处于"菜鸟"级别，刚入门的道路并不顺畅，崔军需要交很多学费。他磕磕碰碰地边炒股边学习，初期并未有多大的起色。但他却有着顽强的毅力，每日看书到深夜，从巴菲特的《滚雪球》《致股东全书》到彼得·林奇的《彼得·林奇的投资故事》《战胜华尔街》，本杰明·格雷厄姆的《证券分析》《聪明的投资者》，菲利普·A·费舍的《怎样选择成长股》，大卫·德雷曼的《逆向投资策略》等系列投资之作，崔军都如饥似渴地学习着。借着少年时习武练就的好体魄和旺盛的精力，他从浅入深，逐次递进，在很短的时间内就读遍了这些书。功夫不负有心人，不久之后，他就开始赚钱了，通过判断，一些股票还为他带来了不小的收益。

但很快地，1991年朱镕基总理开始清理三角债，1992年邓小平发表南方谈话，刺激效果显现，中国经济开始迅速升温，巨额的通胀导致了房地产和股票市场的投机现象。1992年11月17日，上证指数探到386点后开始V型反转且一路飙升，在1993年2月16日达到1 558点。短短2个月，涨幅达4倍。1993年中国政府不得不通过提高利率来抵抗通货膨胀和防止人民币贬值，股票市场和房地产市场应声暴跌。至次年7月，上证指数最低为325点，跌幅达79.10%。崔军买的股票被套牢得无法动弹。"屋漏偏遭连夜雨"，不少债主也很快找上门逼崔军还钱，迫于无奈，崔军只能忍痛割肉，把手里的股票全部抛掉，不仅亏了本金，还欠了一屁股债。1993~1994年的"股灾"让他遭受重创。

回忆到这次事件时，崔军很是感慨："经历了这一次，为避免类似的情况发生，后来我做股票就再也不借钱了。"

这种初级"菜鸟"般的日子过了几年，命运就开始发生了转机。1996年，他迎来了生命中的两样东西：一本对他影响重大的书，以及一波牛市。

先从这本书说起。一次偶然的机会，他无意中接触到威廉·欧内尔的一本书——《如何在股市中赚钱》(1988年，欧内尔将他的投资理念写成《如何在股市中赚钱》一书。该书第一版销售量就超过了40万册，后多次再版，被亚马逊评为"五星级")。出于钻研精神以及对投资大师的敬仰，崔军开始如饥似渴地学习，欧内尔将他带入了一个前所未有的视野。

在这本书中，欧内尔对股市和选股有系统的论述。他指出了一个炒股方法：突破买入、创新高买入。

欧内尔论述到：股市当中最重要的是选股的策略。若要买股票，首先要看公司的质地和发展潜力。他总结出C-A-N S-L-I-M选股七法，并将这"七法"阐述得明白清晰且灵活适用，也为后来巴菲特、彼得·林奇等股神所推崇，是投资学中的早期经典。

欧内尔的突破买入理论给崔军壮了胆，借着这样的理论，崔军也"赚了一把"。

当时，崔军注意到一只名为天大天财（已更名为鑫茂股份（SZ000836））的股票，这只股票已经放巨量突破涨停板。崔军本能地感觉到，一个良好的机会已经来了。但这只股票并不被他人看好，在崔军说出自己的想法时，别人都吓得不敢买，认为股票已经涨太高了。但崔军的魄力在于，只要他认为是机会的，就会猛抓不放。第二天开盘时，崔军果断地全仓追进，用自己积累的所有资金全额投入其中，很快天大天财连拉五个涨停板。

在当时，由于恐惧心理使然，崔军所在的营业部没人敢这样"勇猛"地买股票，只有崔军很"大气"地买入，并在营业部一举成名。

此后，崔军又连续"出招"，在清华同方（600100）突破时买入，获利巨大；在"阿城钢铁"（600799）创新高买入后，也获利200%多；在2008年金融海啸时，太行水泥（已退市，原股票代码600553）突破底部拉出第一个涨停的第二天，崔军开盘买入，随后太行水泥连拉10个涨停板，获利巨大。这些股票在突破时，一般都被投资者和散户避之不及，几乎有98%的散户在遇到这些股票时的第一反应就是抛掉，这时候若是有一定的胆量和先见之明，买进去反而能收获巨大。崔军就是能够在这样的时刻大胆买入的人，因此很快地为他创造了巨大的财富。

有了书本的指导，崔军仿佛找到了灵感。也就是从这个时候开始，经验的积累和对巴菲特思想、欧内尔投资思想的体悟，使他突然"开窍"了，他觉得自己比同行更擅长做股票了。

诸多成功的经验，让投资者纷纷对崔军竖起了大拇指，并开始向他讨教炒股秘诀。此时，崔军的炒股天才也开始显山露水，因其胆大、分析透彻和出手准确，瞬间在营业部一战成名。自此，崔军开始逐渐形成相对完整的投资理念，并逐渐引入价值投资理念。1999年到2000年中国股市迎来大牛市，崔军开始大量买进。截至2001年5月，依靠越来越强的战斗力，崔军通过炒股积累了130万元，这在当时而言是一笔巨款，也是崔军的第一桶金。从1996年的6 000元到2001年的130万元，崔军只用了五年的时间。初步领略到投资的玄妙后，崔军以更饱满的热情投入到了投资事业中。为了能够集中精力进行投资，他采用了停薪留职的方式从工作的劳碌中解放。从月薪1 000多元的工薪阶层中解放。

此后，由于崔军父亲的原因，他开始进军上海。由于崔军的父亲是上海下放到衡阳的知青，出于"叶落归根"的心理，一直要求崔军回上海发展。应父亲的要求，崔军于2003年3月来到上海。此时，他血液里流淌着的冒险和不安于现状的精神似乎被彻底激活。在上海房价处于3 000~5 000元/平方米的低谷期，他很豪气地花费80万元现金购置了一套豪宅（价格为5 300元/平方米），且为一次性付款。在回望这段经历时，崔军曾开玩笑地说，买房如炒股，因时机和个人的魄力，购买"豪宅"与他秉持的"四毛买一块"的原则不谋而合。从此，在上海安家后的崔军，真正的投资之路正式开启。已立志献身于投资界的他，目标已经转向价值投资的代表——向巴菲特看齐。

● 推崇巴菲特，见证价值投资的威力

"巴菲特是处女座的，我也是处女座的，我与巴菲特的生日只差三天。"每当与崔军谈到巴菲特，崔军总会像孩子一样的率真，脸上浮现出纯真的笑容，这个时候的他，显然成为了巴菲特的铁杆粉丝。

事实上，对于巴菲特的痴迷，体现在崔军的每一个细节中。不仅是满墙的巴菲特语录，整个书柜都是与巴菲特相关的书籍，更多的是对巴菲特理念的践行。

在早年的时候，崔军的炒股也失败过。1994年，由于当时对价值投资理解得不够透彻，使他炒股失利，投进股市的钱全都赔光了。与无数投资者一样，崔军特别恐惧，甚至不敢面对这样的败局。他把自己关进了房间，拒绝外出，也拒绝与外界联系，深怕受到其他因素的影响。"也就是在这样的时候，我感受到了投机是非常痛苦的，因为不确定性因素太多，为了谋取最大的利益，凡人都很难逃脱人性的弱点。"

每当回忆起那段往事，崔军总是感慨万千。在闭关的日子里，他领悟到，投资和投机有着很大的区别。从本质上讲，投机是指根据对市场的判断，把握机会，利用市场出现的价差进行买卖并从中获得利润的交易行为。它虽然也是一种投资形式，但其收益和风险较大。投机是看天吃饭，有大起，也会有大落。中国目前的股票市场是一种投机占主体的市场，它违背了股票市场投资的核心意义，也让市场上的操盘手鲜有常胜将军。所以在私募界中，多少私募基金机构在取得傲人的业绩之后便很快陨落了。如果没有真正有效的盈利模式，业绩将很难长久。在此情况下，投资者的利益将很难得到保证。

以投机为主体的交易方式，在国内的市场中，其特点、交易方式虽然更适合中国的股票投资者，但由此而派生出的恐慌、不安以及满盘皆输，也不是一般人所能够承受的，所以每次"股灾"的发生，就会有诸多跳楼自杀的事件发生。

在闭关的日子里，崔军被这种惶恐和无助的心理折磨得筋疲力尽。"市场

就像上帝一样，会帮助那些自助者。但与上帝不同，市场不会饶恕那些不知道自己在做什么的人。"受到巴菲特的启发，崔军发誓，要找寻一种能够长久盈利且相对轻松的投资方式，摆脱这种"看天吃饭"的无助和被动。

那么，到底什么样的投资方式才是最适合的？崔军是个很爱钻研的人，闭关的日子里，他阅读了大量的书籍。终于找到了"价值投资"这个制胜法宝，真正理解了"价值投资"的真谛。崔军意识到，市场上大多数人对于投资的理解还不到位。

在他看来，投资是指牺牲或放弃现在的利益，用以获取未来更大价值的一种经济活动，是需要抓住本质，且耐得住寂寞的长期经济行为。它既不能对眼前的利益急功近利，也不能寄希望于在很短的时间内获取高额利益。尤其对于股票投资而言，更应该从所持股票公司经营收益中获得收益，而不是简单地从股票价格变动中获利。于是，他开始精心钻研价值投资。"我希望我也能够和巴菲特一样，跳着踢踏舞去上班"，在轻松自在中，能够为投资者创造巨大的价值。

"巴菲特对我的影响最大，他的观念也是最好的。"在与亲朋好友谈天时，崔军最常提到的话题是巴菲特的创富神话。他认为，巴菲特之所以拥有今天的巨大财富，秘诀就是价值投资和复利。

巴菲特在一次选举演讲的时候说过："我今天之所以能够成为世界第二大富翁，积累如此巨大的财富，在于我从很早的时候就开始滚起了我财富的雪球。我这个雪球的心很结实，而且不断在增厚。"也正因此，在过去50年中，伯克希尔·哈撒韦公司，股价从每股7美元涨至22万美元，年复合增长率为25.8%（50年涨幅30 000倍，平均每年涨600倍，可见复利的威力）。巴菲特把每1万美元，变成了30 000万美元。受此影响，价值投资便成了崔军的信仰。

● 搏击资本市场，打造中国的伯克希尔·哈撒韦

2006年，崔军把目光锁定在铜材领域。他亲自到云南、江西等地的铜业

集团进行考察，并大胆买入了云南铜业、江西铜业和驰宏锌锗。这是崔军第一次大规模的投资行动，最后涨幅达 10~25 倍，成为罕见的超级牛股，成为他的价值投资理念的最初"试验田"，也让他更坚定了价值投资理念。此后，他开始爆发出创富的潜力，他的投资行动也越来越大，慕名而来的投资人也越来越多，让他产生了创业的冲动。

2007 年 4 月，崔军创办了上海宝银投资咨询有限公司（宝银创赢的前身），正式开始了自己私募生涯。开业当年，他便创下了惊人的投资战绩，这就是后来享誉业内的"基金银丰"封转开事件。

在 2007 年上半年，当时"基金银丰"六折交易，是合同最特殊的封闭式基金之一。合同中约定，基金成立一年后，如果持有人大会通过，并获得相关部门同意后，"基金银丰"可以提前封转开。崔军看到其中蕴藏着非常高的套利空间，于是开始大量买进，并积极推动"基金银丰"的封转开。在崔军的推动下，最终实现了多方共赢的局面。2007 年，"基金银丰"连续分红 4 次，总计分红 1.7 元/每份，完全覆盖投资成本，并大大削减了折价，由最初的 6 折涨到 95 折，崔军单方获利超过 200%，基金持有人都达到了共赢。同时，在大盘高涨的背景下，"基金银丰"的净值也屡被抬高，进一步提升投资回报率，而基金在高位出货分红，有效规避了大盘下跌的风险。"基金银丰"封转开一案的成功，让崔军一战成名。

2008 年 7 月，上海宝银投资曾意图进驻赛马实业董事会，这是我国私募基金首次提出进入上市公司管理层，业界反应激烈，认为"宝银一小步，是中国证券市场的一大步"，唏嘘的同时，业内人士认为这是中国资本市场值得研究的全新课题，甚而评价这是"金融资本首次'伏击'产业资本"，是金融资本对产业资本的"逼宫"和围剿。

值得一提的是，在此过程中，崔军以董事的角度，向"赛马实业"提出关于公积金转增股，成立赛马实业投资部并出资 5 000 万元，由崔军负责证券投资和加快水泥生产、并购等要求，这些要求被投资界认为有着资本管理及实业运作方面的战略高度。事件的结果是，从 2008 年 11 月到 2009 年 3 月，赛马实业股价上涨超过200%，上海宝银投资也由此赚得钵满盆满，崔军的事业又上升了一个台阶。从此之后，他不断掀起对上市公司股权的"逼宫"风潮，如2013年对华北高速、中百集团，2015年与新华百货持续一年的股权交锋，让他的投资实力日渐增强。

随着几场股权行动的阶段性胜利，崔军创办的上海宝银投资咨询有限公司的平台实力也不断提升，旗下各只基金业绩优良，增长规模迅速，他个人也多次获得"私募冠军"称号。2011年3月，崔军正式收购陕西创赢理财投资有限公司，出任公司董事长，由此进军阳光私募行业。在接管创赢1号的短短42天时间里，净值由89.58元升至101.15元，涨幅为12.92%，不但成功实现扭亏，而且还大幅跑赢大盘8.46%。截至2011年4月15日，创赢1号月度业绩排名第一。2014年，旗下"最具巴菲特潜力对冲基金1期"以303.6%收益夺得私募冠军，崔军被"500倍基金网"评为"最具巴菲特潜力基金经理"。

在各种股权争夺行动和运作私募基金期间，崔军也针对商业银行巨头发出建议案。2011年7月，招商银行发布配股公告，拟向全体A股和H股股东融资不超过人民币350亿元，作为招行机构投资者之一的崔军，反对招行配股方案，认为招行此次配股计划将打压招行股价，伤害股东利益。

为了维护所有股东的利益，崔军建议董事会引入长期战略投资者，并将融资方案改为向"股神"巴菲特增发H股，此举将有利于规范上市公司管制。崔军之所以属意巴菲特，旨在借"股神"的投资效应拉升股价，惠利所有股东，同时招行可以稍高于目前市价给巴菲特3~5年的优先认股权，对于巴菲特也有利。然而，崔军以及支持他的股东不能左右大股东的意见，他的建议并没有通过招商银行董事会会议，但是崔军这个举动，表明中国股市的民主气氛开始形成，上市公司内部治理更加规范。

此后，2012年兴业银行有买楼议案，崔军发出反对和抵制的声音，掀起了银行股东的回购风波；2012年，五大银行被爆出破净传闻，崔军率领众私募"逼宫"，组建自救联盟；2014年，崔军分别向光大银行、交通银行等多家银行提出建议。崔军的这些行动，都是民间私募基金对上市银行的主动介入，推动着中国金融业向规范良序的方向发展。

2015年夏季，国内爆发了罕见的股灾，不少私募基金产品在此轮"股灾"中灰飞烟灭。而崔军操作的基金却逆势斩获608%的收益，位列全部股票策略对冲基金收益第一名，并在前十名中独占两位。崔军以实战彰显实力，被不少媒体誉为"股灾"炼金私募"能涨抗跌"的真英雄。

23年多的证券投资经历，近10年的私募基金从业经历，让崔军从2010年至2015年获得了多项荣誉，其管理的基金资产规模累计超过100亿元，产品共计50余只。渐渐地，崔军从一个名不见经传的公务员成长为私募领域中的大佬，开始向更高的目标迈进。如果说价值投资是贯穿崔军事业始终的核心理念，那么打造中国的伯克希尔·哈撒韦公司，是他在漫长从业生涯中的理想。为此，他一直在努力。

纯真、强健、超强自信——阳光私募的阳光个性

"草之精秀者为英，兽之特群者为雄。"

"古之立大事者，不惟有超世之才，亦必有坚韧不拔之志。"

自古以来，人们都崇拜那些异常优秀的人物，他们或是开创新朝的帝王，或是称雄一方的枭雄，或是运筹帷幄的智者，或是仗剑天涯的侠客。这些人，大多具有强健的体魄、高超的能力、钢铁般的意志和超越时代的远见。

而现代商业社会的杰出者，则由这些英雄豪杰转向了企业家、投资家、银行家等商业高手和财富精英。他们继承了古代豪杰的那些优秀品质，而在现代文明的自由氛围中又彰显出独特的个性。

只有在生活中才能体现一个真实完整的人，而人物个性与事业成就从来都密切相关。一个人在事业上之所以优秀与成功，除了专业能力之外，更缘于良好的生活习惯与独特的个性偏好。

被外界传得神乎其神的崔军,在工作和生活世界中应该是什么样的性情品格和气质面貌?巨大的交易规模、高效的投资行动在他身上能印刻下什么?除了具体的专业知识和思想观念,我们能从他身上学到些什么?

● 性情中人,保持纯真之心

与众多私募基金的创立者不同,崔军没有大多数成功"创富"者的老谋深算和谨小慎微,也不像金融界里的诸多大佬一样低调和神秘。在他的身上,人们能感受到的,更多的是阳光、温暖和纯真。

"他是一个非常纯粹的人。"但凡与崔军熟识的人都会给出这样的评价。这样的纯粹,体现在他每每过手几十亿资金却还保持着一份天真,屡屡与商界大佬谈判却显得颇为轻松。在众人眼里,他很容易让人卸下心理的防备,转而向他表达自己的财富梦想和诉求,并且成为朋友。

一位不愿透露姓名的政界人士透露,崔军的率真体现在并不隐瞒自己内心真正的想法。他甚至被外人理解为"任性"。这种任性并非为所欲为抑或胡作非为,而是他随性和率真的体现。

每当他面对记者的采访时,谈及巴菲特,他总是难掩自己的崇拜之情,最后总不忘交代:"我和巴菲特都是处女座的,而且彼此之间的生日只差三天时间,这件事情记得写上去哦!"每当此时,大家总能被他的率真逗乐,对他与巴菲特之间的相同点印象深刻。

不仅如此,崔军对他的投资秘籍并非守口如瓶,而是特别喜欢分享他的投资心得。即使在繁忙的时候,他也会抽空参加相应的会议进行分享。往往在这样的时候,他几乎毫不隐藏内心的想法。在大多数场合,他几乎是心里想到什么就去做什么,想到什么就说什么。在2015年的一次评选活动中,崔军所在的上海宝银创赢投资管理有限公司由于突出的业绩被评为"年度最强创富能力机构",在安排颁奖的会议中,考虑到崔军平日十分繁忙,主办方特意安排了崔军的合伙人进行圆桌论坛的发言。此事告知崔军之后,崔军显得兴致勃勃,他说:"这样的时候当然应该由我来发表讲话呀!"本以为一句轻松的玩笑,但在崔军近乎认真的坚持下，主办方临场做了调节和安排。凛冽的寒风并不能阻挡他分享的热情，会议还未开始，崔军就风尘仆仆地赶到会场，身着一件毛茸茸的貂皮大衣，颇具气势。在会场中，他对股票市场的大胆分析，让他的一位粉丝——江西乐平企业家联谊会的会长认出了他，并告诉大家其资金投入到崔军的基金后，原本100万元的投资额获得了50万元的收益，引发现场的一片赞誉之声。

不仅在接人待物方面，崔军的纯真还体现于其他许多方面。他的博客写作和行业内的公开信多以短篇为主。大多标题醒目、开门见山、直抒见解，内容上客观理性，逻辑上清晰明了，条理上也非常分明，即便提出要求时也是简单直白，并没有过多绕弯或修辞，这样的特点是他久经商业文化和财富思维浸染后的结果。在各个生活细节中，崔军的性格也是纯真璞厚、不事雕琢，让人感觉亲近实在。

纯真，并非幼稚。相比那些圆滑世故、精于人际关系之道的人来说，纯真的人更多的是活在自我的世界里，对世俗凡常的敏感度比较低，故而留有最宝贵的真实。

纯真不仅仅是道德上的一种品质，也是职业能力上的一种要求。作为一个私募大佬，崔军有一个完整的自我世界，并用自我的尺度来丈量这个世界。凡事对自己负责，对事物内在趋势负责，行动中不受外界随机信息的干扰，也不受个人情绪和复杂人际关系的羁绊，坚持自己的判断，反而总能看清真实的世界和最大概率的趋势，这恰恰是私募基金掌舵人最优秀的品质。

纯真的人，往往能培育出超然的精神，他们对蝇头小利和蜗角虚名看得较淡，而更多的是关注大智慧、大格局和大生意。"虽有荣观，燕处超然"，因为阳光纯真，所以能超越凡俗，阳光纯真是崔军个性的底色，而在这个底色上，崔军渲染出了更丰富的图景。

● **健身达人，养成浩然之气**

曾国藩在《冰鉴》中说过一句话："事业看精神。"意思是说，看一个人在事业上有没有成就，得看他的精神如何。精神饱满、精力充沛则可以成就大事业、博取功名，充沛的精力是成功的基础；反之，如果萎靡不振，则难成大器。古往今来，这句话被无数精英所验证。

那些在各个领域取得卓越贡献的人物，其体魄往往居于上乘。诗仙李太白，诗、酒、剑三绝，时常以剑客、侠客自称，"太白剑下正乾坤"，李白习剑练就的旺盛精力，成就了"诗仙"的盛誉；列奥纳多·达·芬奇也是一位体育爱好者，是西方健身运动的鼻祖；一代超级巨星——阿诺德·施瓦辛格，其健身的历程不仅回馈给他强健的体魄，同时也给他输入了源源不断的能量……

道理很简单，要达成目标则需要一定的精力值。即便是从事脑力劳动，也需要旺盛的精力和体力。有一项数据统计显示，虽然大脑仅占体重的1.5%~2%，耗能量却占人体总耗能量的30%~35%，耗氧量占人体总耗氧量的20%~25%。精力代表身体的运动力和大脑神经的运动力。在很大的程度上，懒就是精力不足的一种表现，最大众的解决办法则是健身。

作为健身达人的崔军也深谙此道。之所以特别注重健身，是基于他自幼习武后所保留的良好习惯，同时也源于他希望成就一番事业的雄心。基于这样的认识，他在创业之后依然酷爱健身，并且在健身中培养了自己坚韧不拔的精神，使自己无论是从理念上还是实践上都成为一个达人。

从实践上来说，他从小就练习武术，并且一直都保留着健身的习惯，借此锻炼顽强的意志。中国传统武术讲究"外练筋骨皮，内练一口气"，健身或习武，不仅是为了强身健体，也注重涵养意气、振奋精神，积蓄饱满的精力。如孟子所说，吾善养吾浩然之气。这种浩然之气，就是独立天地、刚强不摧、百折不挠的精神。这种精神，让他在遇到特别忙的时候，也会坚持每周去健身房两三次。

凡是见识过崔军健身的人都说，在健身房里的崔军，似乎忘了自己是一个私募大佬，而是全身心地投入到锻炼之中。就犹如电影《阿甘正传》里的阿甘，之所以做什么事都能够做到最好，是因为他心无杂念。每当崔军在器械前旁心无旁骛地锻炼时，那股认真劲就像是一个锻炼成瘾的运动员，经常汗如雨下，直到筋疲力尽为止。当然，高强度的工作，让他也偶有"懈怠"。有一段时间，他特别忙碌，抽不出任何时间进行锻炼。那段时间他发现自己胖了不少。最明显的感觉，是由于应酬的增多而导致肚子增大。在被朋友说了两次之后，崔军决定开始减肥。他让教练为他制订了一个严格的减肥计划，每天坚持跑步 35 分钟，再练仰卧起坐 20 分钟，慢慢地，身体状况恢复，肚子也变小了，他又回到了精神焕发的状态。

● 坚持自我，近乎偏执的超强自信

史上最伟大的企业家、投资家和慈善家"石油大王"约翰·洛克菲勒著有一本自传——《只有偏执狂才能成功》，著作写的是他的创业经历和成功理念，书中最核心的观点之一是：要想成功，就需要树立目标且咬牙坚持，甚至接近"偏执"状态。

心理学家认为，偏执是一种人格特质。拥有这种特质的人群，认准的事就会"一根筋"执着到底。偏执精神大多集中于学者、政治家、企业家、投资家等群体。崔军便是这样一位近乎"偏执"的人。这种偏执，在投资事业上体现得尤为明显。

凡是与崔军共事的同事都会反映，崔军的偏执不是毫无理由的固执，而是坚定目标后的坚持，是一种理性的坚持。在崔军看来。市场环境往往非常复杂，随时都可能发生变化。投资的过程需要保持非常清醒的头脑：投资行为只需要考虑最本质的要素，尽量少受外界声音的干扰和惶恐情绪的影响，需要坚持以自己的角度来做判断和决策。在这个过程中，人的精力有限，在一定的时间和条件下，目标必须单一明确，思路行动也必须具有连续性。对于受到的干扰，或因"事物发展的不确定性"带来的动摇，只有偏执到一定程度才能对抗。信仰、野心、审慎、勇气等重要的品质往往都伴随着"偏执"的特质。诚然，偏执不一定能成功，但成功则一定需要偏执，若不偏执而是一副朝秦暮楚、得过且过的状态，那必将难有作为。

在崔军的身上，明显地可以看到"偏执"的特点。他目标明确、富于主见、敢想敢做。一旦确立目标，即使周围人都强烈反对，他也不为所动，不仅是"世人皆醉我独醒"，他还能用富于激情且充满辩证的观点说服别人。而在具体的投资行动中，他又非常认真细致，甚至不辞劳苦亲自调研，决策分析至深夜更是家常便饭。当然，与同事和伙伴的分歧在所难免，但他往往是"固执己见"的那一个。无数次事实都证明了，因为他的坚持，他的投资策略一次次获得成功。

从1998年的"全国博经闻荐股比赛冠军""2001年万联杯实盘股票比赛冠军"，到2010年度业绩名列非阳光化私募的第一，并获得"最有潜力私募精英冠军"……一直到2014年获利303%夺得私募冠军，前10名中占有4名。2015年，崔军系基金逆势斩获608%的收益，其收益位列全部股票策略对冲基金的第一名，同时，崔军所操盘的另一只基金也在第三名之列……崔军的事业历程，都伴随着这种"偏执狂"式的特质。

这种"偏执"的深刻意义，还在于在坚持自我的过程中，学会了自我承担。在事业中崔军也是富于担当精神的人物，他敢于放出豪言，向各个上市企业或银行发起"逼宫"或建议，而且行动快速、手段猛烈。深度的介入、持续的动作和充足的准备，加上他具有超强的自信和承担能力的"偏执"，使他对手中交易规模巨大的基金能"举重若轻"、运转良好，也正是他信心的来源之一。

向沃伦·巴菲特、拉瑞·威廉姆斯和威廉·欧内尔取经，让崔军成长为一个专业强悍的投资高手；成为一个睿智成熟的证券投资家和享誉业界的私募大佬，是因为他个人身上的优秀品质：阳光纯真，体魄强健，精力充足，近乎偏执的超强自信。

事实上，不少客户对于崔军的印象，是他在健身房里猛练杠铃的身影，而现在大部分私募大佬都爱玩高贵优雅的高尔夫，但崔军却认为这是一种悬于表面的高雅。对他来说，健身房对锻炼身体更实在和更酣畅，这也是阳光私募大佬的阳光个性所在。

财富的保姆，价值的导师：投资人眼中的崔军

资本保值和利润增长，是每一个投资者的追求；对于私募基金而言，保护并增加投资人的资本利益是最重要的任务。一只优质的私募基金，一定是让投资者放心的基金；投资者的信赖，是衡量一名私募基金管理者最有力的指标。

在中国的证券资本市场，散户是最浮躁和最脆弱的群体，他们大多缺乏对证券资本市场的有效信息和准确判断，巨大的能力鸿沟让亿万散户普遍处于一种低负收益的状态，在优胜劣汰的激烈竞争中，强者愈强；而那些投资能力不足、抑或没时间"打理"资产的人，则选择把资金交由私募大佬们代为管理。

随着投资理财市场的不断发展完善，市场的分级将越来越清晰，崔军所具有的优势也愈发明显地体现出来。

刘佳明（为保护投资者的隐私，此处为化名）是一位颇具实力的上海市民，作为一名建筑公司的技术工程师，他是价值投资的坚定信奉者，也是崔军的忠实粉丝，为了实现财富的保值增值需求，他把生平累积下的大部分资金都交由崔军代为"打理"。

在此之前，刘佳明曾是一名散户，有过投资失败的惨痛经历，在输得落魄不堪的日子里，他一度茶饭不思，甚至身体也开始出现了问题——因为焦虑而开始脱发。为了东山再起，他总结失败的教训，认为仅凭一己之力则无力走上财务自由的道路。经过再三调查和分析，他调整了投资方式，选择了私募基金，也选择了崔军。这一选择，让他再也"无法回头"——他迷恋上了"可以安心睡觉并且安稳地增长财富"的日子。现在，崔军俨然已经成为他的财富保姆和价值导师。

● 从落魄的散户到崔军的粉丝

与大多数中国股民一样，刘佳明曾经有过一段炒股血泪史。2008年之际，他是千千万万散户中的渺小一员。然而，2008年的金融海啸很快就席卷了全世界，中国股市出现强烈挫跌。那一场金融巨浪来势汹涌，散户根本无力招架，他亏得血本无归，人生似乎陷入绝境。"穷则变，变则通"，但凡处于深谷之中，人们大多会思考"破局"：要么落荒而逃，从此不问股市，继续过着踏实却平凡的职场生活；要么在金融市场中另辟蹊径，寻找风险更小、投资收益更加稳健的方式，摆脱投资失败的阴影而获得财务自由。经过一番激烈的思想斗争，刘佳明最终选择了后者。事实证明，他的选择是对的。冥冥之中，也许是运气使然，在他最迷茫无助的时刻，偶然在媒体渠道上得知了"崔军"这个名字，对崔军本人、价值投资以及复利等概念做了一番详尽的了解和调研后，嗅觉敏锐的刘佳明很快对崔军以及他所操盘的基金产生了浓厚的兴趣，并通过各种渠道走近了崔军。通过当面交流，崔军以其最简明扼要的语言，描述了宝银创赢的产品、投资理念和平台运作，让刘佳明颇为动心。

接触崔军、将投资方向转向私募基金领域，是刘佳明做出的重要决策。

"他与我讲了价值投资的奥秘，股票的价值在于挖掘企业自身的价值，只有用'四毛买一块'的原则进行长线投资，才能真正获得财富……这些理念和视野，让我很快就豁然开朗了。"刘佳明通过与崔军的沟通，很快地明白了投资与投机的区别，也让他摆脱了"看天吃饭"、患得患失的心理。"原来投资也可以这样的从容。"受到巨大思想震动的刘佳明，下定决心追随崔军。

"决定投资崔军，还在于崔军给我的感觉是特别自信，这种自信似乎渗透在他的一言一行中。当他谈到未来的股票价值时，眼中流露的不是盲目的自信，而是让我感受到了他对市场的穿透力……"

就这样，第一印象加上拜访前对崔军所做的调研"功课"，刘佳明很快就决定投资宝银创赢的基金。这一次看似大胆的尝试，最终让刘佳明成为崔军的忠实粉丝。

崔军的众多追随者一般分为两类：一类是投资崔军所操盘的基金并获得了收益，并最终开始信奉崔军的投资理念；另一类是先认同崔军的投资理念，而后将自己的资金投给了崔军的公司。很显然，刘佳明属于前者。

"如果要谈对崔军投资理念的理解，我谈不上很深入，但通过他，我了解了价值投资和复利的威力。至少让我明白了，原来投资可以这样不耗费精力，在安静地等待中赚到钱。"面对目前的收益，刘佳明颇为满意，甚至逢人就说价值投资的奥妙。

在这个过程中，许许多多人从崔军这里获得了资本的丰收，在他们的眼中，崔军就是他们最贴心的财富保姆，最卓越的价值导师。

附：媒体专访

以下的媒体报道为投资者提供了更加全面的视角。其中部分内容，也是本章节的部分资料来源。原文内容不代表本书观点。

崔军，用对冲冲到第一名

作者：罗梅芳　原载：《投资有道》2012年2月刊

一直崇尚"价值性对冲基金"的崔军，在2011年一蹶不振的市场中证实了对冲基金的潜力，一举"扬眉吐气"。他真的可以成为绝对收益的"不倒翁"吗？

2011年一蹶不振的股票市场，让众多基金在艰难喘息的同时，也让不少基金在危机中找到了机会，就如对冲基金在传统基金中所找到的契机一样。

崔军就是少数佼佼者之一。"我一直崇尚的是价值性对冲。"作为上海宝银投资咨询有限公司董事长的他，在接受采访时亮出了自己得胜的"法宝"。正是因为有了这样的"法宝"，让他在2010年朝阳永续·同信证券举办的中国私募基金风云榜大赛中，获得了最有潜力私募精英冠军。从 2010 年 4 月 1 日开始运作的"上海宝银 2 号"账户，截至 2011 年底，产品的总收益率高达 287.02%，几乎是同组第二名的两倍。2011 年，同样的颁奖盛典，在众多曾经风云一时的奖项得主纷纷消失的时候，他依然站在了领奖台上——这次他的奖项是"合伙制基金排名第一"。产品"创赢 2 号"在 2011 年全年获利 48.51%。

● 价值性对冲跑赢大盘

正如业界有人说的那样，"2011 年是对冲基金的元年"。众所周知，对冲基金的操作方式相对灵活和多元。是什么原因让崔军对价值性对冲基金情有独钟，并且能在 2011 年里杀出一条血路？

在投资者灰心得只求不输时，崔军所在的创赢投资的目标居然是：追求稳定的每年 30% 左右的绝对回报。"如果每年有 30% 的复利，那理论上 20 年就可获利 190 倍，这就是复利的威力。"崔军算了这样一笔如意账。

然而要达到这个目标绝非易事。它的前提是很强的选股能力——所选股票组合必须远远跑赢大盘。"一般来说，我们会选那种别人低估的股票。"崔军介绍说，最重要的是选择低估值、有安全边际、且高速增长的股票配置。

满足了首要的条件，剩下的就是对冲方案的设置了。对此，崔军介绍说，他会用 70% 的仓位买低估值、有安全边际业绩的股票，同时用 14% 的资金在股指期货上卖空做保值。由于股指期货有 5 倍的杠杆，可以完全对冲掉股票指数波动的风险。此外，14% 的资金作为预备保证金留在场外对应股指异常上涨，而最后的 2% 资金做基金的维护费。

"我追求的是全天候正回报，这是投资的终极目标，不管市场天气好坏都是赚钱的，只是赚多赚少的问题。"崔军不无骄傲地说，"创赢 1 号在 10 个月里，跑赢沪深 300 指数 35%，用股指期货对冲可把这个相对收益转化成绝对收益。"

● 不亏损的秘诀

"在大盘下跌的时候，不采用对冲基金是没有办法取胜的。"或许有人要质疑，价值性对冲真有那么神吗？在崔军看来，只要遵循了巴菲特的安全投资理念，就基本不会出什么问题。"有风险的股票我们是从来不碰的。"可是问题在于，谁都无从知晓哪只股票有风险，这也是考验一个公司选股能力的最重要的标准。"永远将坚持以0.4元的价格买进价值1元的股票，这就是巴菲特永不亏损的投资秘诀。"崔军说，"因为投资证券市场的盈利应该来自上市公司本身，也来自于公司成长所带来的资本增值。这种盈利模式对于市场所有参与者来说是共赢的。"

在他看来，操作倒也简单。"大盘出现单边上升，我们会马上平掉股指期货的空单，还可开上7%的股指期货多单。"他介绍，这等于有105%的仓位在让利润奔跑。一旦碰到大盘振荡下跌，他就用股指期货空单锁住股票利润。之所以能这样操作，与崔军对国外对冲基金的研究是分不开的。"美国股指期货冠军拉瑞·威廉姆斯一年获利110倍，用他的方法我们有时可做到最低点买进，最高点卖出，获利非常巨大。"他认为，美国对冲基金规模之所以能发展到1万亿美元，就是因为能取得绝对回报。

本着这样的理念，2011年宝银投资只购买了民生银行。"选股时，考虑到民生银行的利差是所有银行中最高的，而且采取用小额贷款的方式分散大额的风险，我认为其价格被严重低估。虽然大盘暴跌近30%，但我们持有的民生银行仍取得了25%左右的正收益"。

"大盘上涨的时候，用价值对冲基金赚钱；而大盘跌的时候，我选的股票反而涨起来。"

价值性对冲的理论听起来固然让人振奋，崔军的屡次获胜也提供了一个鲜明的案例。但是它真的可以成为绝对收益的"不倒翁"吗？我们还需要继续关注和等待。

曾经涨停板敢死队　如今4毛买一块"吝啬鬼"

作者：高丽霞　　原载：《投资快报》

他管理的组合，2012年上半年收益率高达36.67%，制胜的秘籍就是做了个股指期货与股票的对冲。具体来说，就是在他的投资组合中，有70%的股票，有30%的股指期货，在下跌时，他们用股指期货做空，保护股票组合。上升趋势也有类似操作。还有一部分资金进行数学量化对冲，通过无风险套利，赚取稳定的盈利。据崔军介绍，上半年的业绩，70%以上是来自做空股指期货。

第一次见到崔军，是一起去一个活动，大家都在等候着大巴。在我身旁不远的地方，一位年轻的男子，个子很高，脸色红润，气色很好，穿着米白色的西装上衣，阳光焕发，在候车的近20位同行伙伴中，颇为抓人眼球。彼时他正侃侃而谈，向两位同行的朋友传授减肥降血压的秘籍。后经主办人介绍，才知道原来他就是崔军。

在经过下午的活动以及晚上的聚餐后，记者和崔军约了时间，不是请教他减肥的秘籍，而是聊聊他"夺冠"的艺术。

● 曾经追涨停板的"敢死队"

"这一天（10月26日）它突破的时候，我就叫我的客户用小部分资金去试试。"崔军在电脑面前给记者展示今年下半年的大牛股珠江实业（600684）的K线图，"你看后面4个涨停，5天涨了近50%，这一天（11月6日）开盘往下走的时候就立马出掉。"

10月26日，珠江实业高开近9个点，此后6分钟，大幅低走，最低跌至7.14元，仅涨4.70%，但此时也急剧反转，10：12分便封死涨停板。追涨停板进去，记者表示压力很大，可崔军却说这样才可以赚到快钱。紧接着他还向记者展示了其当年一战成名的股票，天大天才（现改名为鑫茂科技：000836），同样涨停板追进去，此外还有同方股份（600100）、阿城钢铁（600799，已退入三板市场）、光大银行（601818）等数只他此前操作的股票。"一般人确实是不敢买，很吓人的，但这样突破买进、跌破开盘价就出货，这样就能赚大钱，做技术就要赚这样的主升浪。"崔军对记者总结道，"我们做过统计，欧内尔的这种创新高买入法赚钱的概率是很大的，不过一定要止损，跌7%一定要坚定止损。"

记者也注意到，在崔军的电脑 K 线图上，密密麻麻的技术指标，趋势图。"这些线都是我们自己设计的趋势线。"崔军回答记者道。很显然，他是一个扎实的技术派。

"现在这种趋势，我自己也不敢追啊，首先是止损止不下去，资金太大，也不容易出货。"崔军说，"另外就是，这么大资金，庄家万一把筹码都转手倒给我了怎么办？"

● 突破买入的技术派

崔军坚定表示，"我们是坚定做价值投资的，坚持四毛买一块的原则，股票池里的股票都是严格按照价值投资的原则选入的，技术指标只是买卖时点上的辅助。"而此前他确确实实是一个扎实的技术派。

1992 年，还在国企工作的崔军因为一本书而走进了投资。"当时是看到一本书，说是有人靠原始股一下子赚了 100 倍，觉得这是一个比较好的新生事物，特别向往，于是开始学习投资的事情。"

"开始做股票也不太懂，还借了钱，1994 年股灾一下子跌到 325 点，人家找我还钱，必须要把股票卖掉。刚斩完仓股票就大涨，所以我后来做股票就再也不借钱做。"不过那个时候崔军的投资手法，与价值毫无关联，和大部分刚接触股票的投资者相似，崔军也是一心摸索着技术指标。直到 1996 年的牛市，随着市场的上涨，崔军终于尝到了在股市里赚钱的甜头。

"1997 年看了一本欧内尔的书，他的方法是突破买入，创新高买入。"这本书也让崔军的技术得到了大大的提升，并因此一战成名。

"当时正好有一个叫天大天才（现改名为鑫茂科技：000836）的股票突破涨停板，我第二天开盘就全仓追进，后来连拉五个涨停板。"说起当初的"成名股"，崔军依然很兴奋，"当时一般人不敢这样买股票的，但这样买获利非常快，4 天就赚了 50%。后来统计当时在营业部敢买这个股票的人也就是我一个人，我买的股票天天发财，别人的股票原地踏步，所以在营业部一战成名了。"

不过，根据崔军的介绍，欧内尔的"突破买入法"并不是百发百中，必须设置 7% 的止损位，跌了 7%，必须坚定止损。

"每一次止损都有心痛的感觉，心里那个难受啊，有时候资金一大，根本就止不下手！"说起"割肉"的感觉，崔军依然痛苦万分。

● 从技术到价值："要是能不止损就好了"

在投资实践中，崔军开始思索，"要是能不止损就好了！"巴菲特也就因此走进了他的视野。崔军大量阅读关于巴菲特的投资书籍，所有有关巴菲特的书他基本上都买回来看了个遍。

"巴菲特是对我影响最大的，他的观念应该是最好的，他让我明白了复利的奇迹。"崔军说到，"此外，就是价值投资，坚持以 0.4 元买 1 元的股票。投资成功，永不亏损的秘诀精炼成四个字就是——安全边际。安全边际原则非常正确，非常有效，永远是投资成功的基石。"

正是坚持巴菲特这种价值投资的原则，崔军举了两个最近投资成功的例子。2012 年 10 月初香港中信银行（00998）股价非常低，低于 A 股价值，只有净资产的 7 折，窝轮（别名：认股证）又溢价不高，符合崔军的选股原则，于是 10 月 4 日以 0.285 元的价格买入，10 月 20 日就已经涨到 0.53 元，半个月的时间就上涨了 89%，崔军也因此获利了结了大部分。

另外，崔军在香港获利最大的一笔是"两个月 10 倍"，也是用了安全边际的原则。当时中国石油化工股份（00386）国内炒到 20 元人民币了，香港只有 7 元多港币。

"我们经过调研，当时原油价格涨到 147 美元，中石化又发现一个油田，这个消息一公布出来，肯定对它的股价会有影响。香港可以做杠杆，每个大股票都有窝轮，我们就用 0.01 港元左右的价格买中石化的窝轮，运气很好，港股直通车又推出来了，香港股市暴涨。中石化也就从 7 港元涨到 13 港元，窝轮一下翻到 10 倍，其中一天就涨 500%（香港没有涨跌停板限制）。"说起曾经的成功案例，崔军异常兴奋，"价值投资，加上这种杠杆，获利是非常大的"，

"就是因为有这种安全边际保护，自己才敢于下重注。我坚信我的价值投资理论和技巧将永不过时，不管市场有多少风云变幻，不管资金的大小多少，我们都能够持续打败市场，战胜大盘。"

● 选股标准：价值低估、业绩高速增长

说起选股标准，崔军异常坚定，一定是坚持巴菲特的价值投资选择，选择价值低估，业绩又高速成长的个股。价值低估，就是要坚持以4毛买1块的原则，另外就是业绩高成长，这种成长不是过去的成长，而是未来的，未来2~3年内要能保持每年50%~100%的业绩增长。此外，一些毛利高，具有垄断地位，有议价权的公司也值得关注。

要判断企业未来能否高成长，调研就显得尤为重要。崔军每次投资的股票并不多，七八只，其重仓的股票一定要亲自调研，这包括与公司高管的沟通，以及对公司客户和市场情况的调研。

调研的时候，主要去看公司的毛利，然后是产品的垄断性、供求关系、生产成本；再就是发展的潜力，长期来看，这个产品的竞争力如何。

比如说，崔军之前投资的赛马实业（现改名为宁夏建材：600449），"当时宁夏修三条铁路，水泥供不应求，我们去调研他的水泥价格，每吨从198元涨到466元，生产成本只有150元，每吨赚300多元。我们推算它业绩会达到1.8元，当时所有的研究员说不可能，最多0.7元、0.9元。"

"但我们去实地调研了，跟董秘聊，董秘还跟我们打了埋伏，问他水泥卖多少钱一吨，他说320元。后来我们去厂门口问那些工人，得知水泥价格已经卖到398元/吨了。""有了这些调研基础，当大盘跌到1 664点的时候，我们依然坚定信心。11元建仓买入赛马实业，涨到25元时减了70%的仓位；然后跌到12元、13元又买进，买了以后，最低跌破9元。4个多月的时间，我们依然坚挺着。因为我们觉得他的业绩1.8元，9元的价位分红5年也回本，坚定持有，实在不行还可买到50%的股份控股赛马实业进入董事会。"崔军回忆中难掩兴奋。

2007年10月15日大盘6 030点时赛马收盘价15.5元。2009年2月25日大盘最高2 234点，下跌3 796点，跌幅高达62.95%。赛马实业最高到30.38元（还分红0.18元），上涨了97.16%，跑赢大盘267.16%。

"我们在投资上的核心理念是，我们的盈利来自于企业本身。投资证券市场的盈利应该来自上市公司本身，来自公司成长带来的资本增值。这种盈利模式对于市场所有参与者而言是共赢的。"崔军对记者表示。

● 调研才有信心对抗牛熊坚定持有

崔军是如何会关注到赛马实业，又是怎么去调研的，记者也颇为关注。对此，崔军也是娓娓道来。

"我们喜欢在股票暴跌的时候买入。2007年赛马实业刚好5个跌停下来，当时做完了云南铜业（000878）、江西铜业（600362），赚了很多钱。我们观察到水泥很多年没有涨价，那时候开始慢慢涨，水泥的运输半径只有200公里，所以赛马实业垄断了宁夏60%多的水泥，它一提价，别的商家跟着提价。"

"它（赛马实业）的水泥卖得比上海贵，正好宁夏修三条铁路，对水泥的需求比较大。我们认为三年之内，铁路没修完之前，这个水泥肯定是供不应求的。这时候正好跌下来，第一季报又是亏的，我们研究第一季度因为天气太寒冷，无法施工，所以水泥卖的很少，大家不清楚，看到它亏损就不敢买，我们知道第二季度业绩会好，所以在10元就买进。"

"我们算了一下，如果业绩达到1.8元，那10元对应的市盈率只有五六倍了，所以我们在10元就建仓。当时市场也比较疯狂，大盘到6 000点的时候它涨到15元钱，别的股票我们不敢买了，就敢买这个，因为别的股票都是60倍市盈率了。"

"涨到25元的时候，我们看到按上一年的业绩它的市盈率也有50倍了，就把它出了70%，也不敢卖完，因为当时赵丹阳把股票卖光以后大盘又暴涨，3 000点卖的，后来又涨到6 000点，手里没股票压力也很大，所以我们也不敢卖完，留了30%。"

"但之后股票又暴跌，跌到十二三元的时候，我们觉得机会来了，市盈率又到 10 倍以下了，继续买入。买了后正好四川地震了，短线操作了下，高抛低吸，赚了一点钱，又往下跌了，继续的买。当时跟我们联手的一个私募也一起买，他太恐慌了，说雷曼破产啦，要开始逃了，他就在 12 元、10 元往下面割。我们也不知道，还在买，后来被他打到了八九块钱。"这一小"花絮"让崔军记忆犹新。

"我们去宁夏调研赛马实业的时候，买水泥还要排很长的队，排了五六公里，他们有时买水泥要排一天队。那些买水泥的还以为我们是记者，他说，'你们是记者啊，这个水泥买也买不到，天天涨价烦死了。'所以我们就更有信心了。我们还跟董秘说可以继续涨价，因为供不应求，正好水泥又生产不足嘛，赛马的水泥最高涨到 466 元一吨。我们在这时候就坚定了信心，坚定持有。"

"不过当时账面上也有一点浮亏，当时市场非常恐慌。差不多是 2008 年 10 月份了，那个时候巴菲特号召大家买股票，更坚定了我们的信心。"形势果然在几个月后逆转。"后来国九条、4 万亿出来，赛马连续涨停板，2008 年底就涨到了 30 多元钱，我们是在这时候撤出来的。卖了后来又涨到 40 元钱。"

"调研的时候首先要对公司的基本面有着准确的把握，同时也要调研到家。所以巴菲特的这种理念，让我们选的股票就算短线套住长线也不会输。"崔军为这笔投资下了一个巴菲特式的结论。

第 2 章

常胜不败的投资秘籍

上兵伐谋,其次伐交,其次伐兵,其下攻城。——《孙子兵法》
永远不要做自己不懂的事情。——巴菲特

如何更快地获得财富?混乱的投资市场中,应当怎样投资?翻开这本书,你的大脑一定盘旋着这些问题。如果你想通过金融的杠杆创富,大多会存有这样的疑惑。

股市为什么会有涨跌停现象?股价趋势真的合理可靠吗?不合理又为什么会存在?什么是价值投资?为什么股神级别的人物都信奉价值投资?复利为什么有那么大威力?投资的安全性也可以测量吗?

关于投资理财,人们总是抱着很复杂的心境来看待它,人们既深知投资理财很重要,想迅速获取财富,故而贪婪冒进;又对变幻莫测的趋势很迷茫,担心财富损失,因此犹疑怯惧。一些人天生聪明,借助各种分析技术和模型工具,常常日进斗金;一些人谨小慎微,深信古训,耐得住寂寞,虽盈利却不尽如人意。

混沌的世界需要用思想来澄晰,纠结的心绪需要用思想来镇定。在投资理财的范畴中,最糟糕的不是不能认识所谓的"趋势",而是不能认识自己,不知道自己想要什么。确切地说,是不能运用自己的理性做出正确的判断,而只能听任自己的脆弱情感或肤浅直觉摆布。巴菲特曾说:"最大的风险,是你不知道你在做什么。"所以,要解答投资者的困惑,穷其根源都会追溯到一个层面,那就是投资思想,是对投资的认知、分析、判断和决策的集合。

投资思想是判断投资的标准，是投资决策的依据，也是行动的支撑力，是投资者持续从事一项事业的核心保障。不同的思想决定了不同认知的心态，也导致了不同的业绩。也就是说，投资的成败最终取决于你信奉的投资思想。

试看那些卓著的投资名家，他们身上无不带有思想家的色彩，他们的行动无不闪烁着思想的火花。崔军便是这样的一位大佬。他的投资理财业绩是中国金融证券投资史上光彩耀眼的一笔，他的投资理财生涯是价值投资思想的最佳演绎。

投资致胜的不二法门：价值投资

因为坚守价值投资，在大盘暴跌的情况下，宝银创赢旗下所有的基金都超过大盘（在 5 178 点）的历史新高，在诸多私募基金都被清盘的情况下保持稳步上升并屡创新高。其旗下管理的上海宝银创赢"最具巴菲特潜力基金1期"，杠杆进取基金净值更是冲击 28.5838 元，在成立一年多的时间里已经获利 27.5838 倍。

灵活的价值投资并不是长期持有一只股票，而是去寻找被低估的、业绩增长最快的股票买入，在高估时就阶段性减仓或是及时抛掉。"低估的时候买入，高估的时候抛出"，才能赢得胜利。

● 价值投资指导下的"常胜将军"

2015 年夏季，这是一个让人记忆深刻的季节。因为股市的突发性严重暴跌，导致了惨剧接连上演。让身在酷暑的股民感受到"寒冬"的到来。一些输得血本无归的股民准备永远和股市说再见，甚至不少"不能承受如此之重"的股民，用跳楼的极端方式求得解脱。一时之间，散户们呼天抢地，陷入恐慌之中,各种阴谋论、战争论瞬间充斥于市场。

往往在这样的时候,崔军总是以"常胜将军"的姿态屡次走进公众视野。多次的操盘和业绩证明,在大盘暴跌的情况下,宝银创赢旗下的基金基本都能跑赢大盘,在众多私募基金都被清盘的情况下依然稳步上升并屡创新高。

事实上,这样的事迹在崔军的造富神话中,已经不胜枚举。在盘点过往的傲人业绩时,崔军往往如数家珍,追随崔军多年的"铁杆粉丝",也对他多次"险中求胜"的故事耳熟能详。在投资界的"江湖传说"中,崔军几乎年年都能创出奇迹。2005 年之际,云南铜业的股价是 5 元钱,江西铜业 6 元钱,当时,有很多人认为铜没有技术含量,也不值钱。但从不按常理出牌的崔军,在经过深入研究之后发现,各种商品的价格都在暴涨,各种有色金属也都开始疯涨,铜价已从 1 000 多美元涨到 8 000 多美元。他判断,铜的业绩一定会很好。于是,崔军不遗余力地大胆买入。事实证明,原本用 5 元多买的云南铜业,后来飙升了 25 倍,涨到了 98 元的价格;而原本并不被看好的江西铜业,从 6 元多买入,到复牌后当天就暴涨了 50%,一个月就涨了 3 倍,最后在一年半的时间里总共涨了 17 倍,因此获利巨大。

2007 年,大盘于 6 000 点见顶,赛马实业的水泥垄断宁夏,垄断率将近 60%。同时,宁夏又有三条铁路要修,崔军预测到未来两三年的水泥应该供不应求,而当时赛马实业的股价只有 12 元。他于 2007 年 7 月开始买入赛马实业,让业内颇为不解。因为大家都知道当时的赛马水泥厂是每年的一季度亏损,第二、三季度赚钱。到了 2007 年 10 月 16 日,大盘于 6 000 点见顶,这时候赛马实业价格已经涨到二十五六元的价格,而此时崔军又开始一反常态地慢慢减仓,一共减了 70%,同时又于 2008 年 6 月去赛马实业进行调研。此时,水泥从每吨 198 元涨到 219 元,又迅速涨到 466 元,崔军又开始有信心了,回去后便继续买入赛马实业。如此高抛低吸,在 15 元的位置上重仓买入了赛马实业,后来大盘从 6 000 多点跌到了 2 000 点,赛马实业由于业绩高速增长在大盘跌到 2 000 多点时照样还涨到 40 多元,远远跑赢大盘。

与早年几场股市弄潮相比,近年来崔军宝银创赢旗下的多路基金,更是战绩辉煌、全线飘红,鲜有失手,屡屡获得殊荣:2010年朝阳永续同信证券中国私募基金风云榜大赛最具潜力私募冠军(总收益287%,是同组第二名的两倍);2011年创赢2号以48.51%的绝对收益获得创新私募冠军、年度五星私募称号、最佳私募基金新星奖、创新奖;2012年创赢2号60.32%业绩获得多空策略冠军、最受欢迎理财产品(创赢基金)、最有才华投资顾问(创赢投资);2013年前二月获得50%以上收益,占据全国前三席。

不仅如此,2014年9月,"创赢18号"月度获利14.87%月度夺冠,10月"创赢11号"获利45%再次月度夺冠,11月"最具巴菲特潜力对冲基金1期"月度获利65%,第三次月度夺得私募冠军;12月"最具巴菲特潜力对冲基金1期"获利245.27%无争议问鼎12月月度私募冠军,"最具巴菲特潜力对冲基金1期"年度收益更是飙升至303.6%,勇夺私募基金收益冠军。令人拍案惊奇的是,"最具巴菲特潜力对冲基金1期"获利303.6%的收益是在该基金成立两个月的时间取得的惊人收益,被《500倍基金网》评为"最具巴菲特潜力基金经理",2014年,上海宝银创赢旗下8只基金收益都超过100%以上,全国私募基金收益前十的排行榜中,宝银创赢雄霸四席。

作为私募大佬,谈到在股市中屡次获胜的经历时,崔军总是淡然一笑。他认为,股市的沉浮都属于自然的规律,是趋势使然。既然有暴涨的股市,那么暴跌也是一种常态,这种情况在各国的股市中并不罕见。以2015年而言,世界上的四次股市暴跌与本次国内的情况十分相似:第一次,1973年1月到1974年10月暴跌50%;第二次,1987年8月到1987年10月暴跌36%;第三次,2000年3月到2002年10月暴跌50%;第四次,2007年10月到2009年3月暴跌58%。

这种情况下,市场上之所以有这么多言论,是因为股民在面对股市变化时还不够成熟,恐慌的心理占了上风。这也反映了目前股市投资大多以"投机"为主,股民依托于各只基金看天吃饭,随着股海的沉浮或贪婪或恐慌,最终以败北收场。大多数股民忽略了一个基本事实:盲目的投机就像盲人摸象,终究很难让财富稳定地增长。崔军以及无数个富豪证明了，价值投资才是真正的致富之道。

在他的投资哲学中，当所有人都不计成本、纷纷逃离时更要保持理性。要想投资成功，需摆脱"恐慌"的魔咒。"要沉着冷静地面对和分析一切情况，掌握价值投资的法宝才能成功。"事实上，在人们"恐慌"之际，那些从容出手，大胆买入的"少数人"最终都成为了赢家，而崔军就是这样的少数中的少数，赢家里的赢家。

● 什么是价值投资？

崔军所崇尚的价值投资，对于投资者而言并不陌生。这也是诸多机构和大佬一直标榜的"标签"。但究竟什么是价值投资理念？其内涵又如何呢？

所谓的价值投资，是指以分析影响证券投资的经济因素、政治因素、行业发展前景、上市公司的经营业绩、财务状况等要素为基础，以上市公司的成长性以及发展潜力为关注重点，以判定股票的内在投资价值为目的的投资策略。价值投资哲学起源于本杰明·格雷厄姆的名著《投资分析》，并以沃伦·巴菲特成功的实践闻名于世界。与"投机"不同，真正的价值投资，其真谛在于通过对股票基本面的经济分析，使用金融资产定价模型估计股票的内在价值，并通过对股价和内在价值的比较，去发现并投资那些市场价格低于其内在价值的潜力个股，以期获得超过大盘指数增长率的超额收益。这就是巴菲特常说的"四毛买一块"的原理，和"股票的价值来源于公司成长的本身"的说法。

价值投资最成功的应用，当属巴菲特亲手打造的伯克希尔·哈撒韦公司。40年前，该公司是一家濒临破产的纺织厂，在巴菲特的精心运作下，每股净值由当初的19美元成长到2002年的41 727美元，年复合成长率约为22.2%，远远超过了同期S&P500指数的增长率。

巴菲特认为，成功投资的关键，取决于企业的实质价值和支付一个合理划算的交易价格，而不必在意最近或未来股市将会如何运行。因此，在评估一项潜在交易或是买进股票的时候，投资者应该先以企业主的观点出发，衡量该公司经营体系所有质与量的层面、财务状况以及可以购买的价格。巴菲特所推崇的投资决策的基本原则，可以概括为以下四条：（1）企业原则：这家公司简单且可以了解吗？公司的经营历史是否稳定？公司的长期发展愿景是否被看好；（2）经营原则：经营者是否理性？经营者对股东是诚实坦白的吗？经营者是否会盲从其他公司的行为；（3）财务原则：把重点集中在股东权益报酬率，而不是每股盈余；（4）市场原则：这家公司有多少实质价值？能否以显著的价值折扣购得该公司股票。在价值投资理念的指导下，伯克希尔·哈撒韦公司投资参股的可口可乐、美国运通、吉列、迪斯尼、时代华纳、所罗门公司等都为其带来了丰厚的回报。显然，崔军是当前中国资本市场中最推崇价值投资理念的人之一，价值投资是他处于股市强震中坚挺不倒、常胜不败的不二法门。

● 价值投资与投机

虽然目前市场上有不少号称是"价值投资"的基金或投资者，但能贯彻坚守"价值投资"的并不多，而能透彻明白"价值投资"理念的投资者更是寥寥无几。按照理论上的解释，价值投资就是寻找以等于或低于其内在价值的价格标价的证券。也就是说，是投资于企业内在价值远大于市值的股票，而不是投资于工商银行、中国石油这样的"超级大象"。企业内在价值决定企业价格（股价），价格围绕着价值波动，虽然股价受很多因素影响而经常波动，经常偏离价值，但终究将向价值回归。

在这样的基础上，因为价值决定着价格，而价格围绕着价值波动，这就带来了短期操作的机会——股价相对企业价值严重低估时，买进，持有；股价相对企业价值严重高估时，卖出，减仓。如此一来，价值投资的作用就体现出来。

基于此，目前市场上不少号称是"价值投资"的行为其实是投机行为。投资和投机虽然一字之差，但结果却千差万别。投机总有一天会失手，为什么有些基金今年是冠军,而明年却落马?因为投机的基金取胜的概率很低,就算暂时胜利了,但接踵而来的就是失败。对价值投资的误解让不少投资者并不愿意去涉足价值投资领域。

不仅如此,不少涉足价值投资领域的投资者,对价值投资的理解也存在偏差。他们认为,价值投资只是长期持有一只股票,但往往这样,不少投资者在"死守"这只股票中燃尽了对投资的最后一点信心。考虑到投资者的理解盲点以及选股技术的盲点,崔军在投资过程中一直强调,灵活的价值投资并不是长期持有一只股票,而是去寻找被低估的、业绩增长最快的股票买入,在高估时就阶段性减仓或是及时抛掉。低估的时候买入,高估的时候抛出,才能赢得胜利。在这样的情况下,投资人选择的股票,其未来五年的内在价值要在市值的N倍以上。

● 价值投资的要点和启示

价值投资对于投资者最核心的要点和启示,在于以下四点:

1. 从宏观、中观到微观面的经济预测。价值投资关注的是上市公司未来的成长性,因此需要对GDP、行业未来的市场状况以及公司的销售收入、收益、成本和费用等作出尽可能准确的预测。预测方法主要有概率预测和经济计量模型预测两种。

2. 筛选具有发展潜力的行业。通过宏观经济预测和行业经济分析,投资者可以判断当前经济所处的阶段和未来几年内的发展趋势,也可以进一步判断未来几年内可以有较大发展前景的行业。

3. 估算股票的内在价值。在确定了欲投资的行业之后,需要对所选行业内的个股进行内在价值分析。股票内在价值的估算有很多种方法,一般来说股利贴现模型最为简单而且被普遍使用。

4. 筛选具有投资价值的股票。价值投资理念以效率市场理论为基础,认为有效市场的机制会使公司将来的股价和内在价值趋于一致,所以当股票的内在价值超过其市场价格时,便会出现价值低估现象,其市场价格在未来必然会修正其内在价值。由于证券市场存在信息不对称现象,所以内在价值和市场价格的偏离又是常见的现象。因此,通过上面的分析,投资者可以找出那些内在价值大于市场价格的股票,这类股票也就是价值投资策略所要寻求的个股。

撬动财富的杠杆:复利原理

如果要通过一个窗口去窥探私募的缤纷世界,这个窗口只能是:复利。爱因斯坦认为:"复利是人类最伟大的发明,是宇宙最强大的力量,堪称是世界第八大奇迹,其威力甚至超过原子弹。"富兰克林也说:"复利这块神奇的石头,能够把铅变成金子。"人类历史上那些聪明过人的大脑,都无不对复利做出热烈的赞誉。

而对于大多数人,尽管人们经常听到"复利"二字,但对其道理却知之甚少,对实践威力也很难亲身体会。所谓的复利,计算的方法其实很简单:对本金及其产生的利息一并计算,也就是利上有利、达到财富的滚雪球效应。

23年的投资经验告诉崔军:只有利用复利的威力,才能真正实现财富的最大增长。

● 传说中的复利

关于复利,我们先从几个广为流传的故事开始说起。传说在古印度,智者西塔发明了国际象棋而使国王十分高兴,他决定要重赏西塔。西塔说:"我不要你的重赏,陛下,只要你在我的棋盘上赏一些麦子就行了。在棋盘的第1个格子里放1粒,在第2个格子里放的麦粒数是前一个格子里放的麦粒数的2倍,直到放满第64个格子就行了。"国王觉得这个要求很容易就可以满足,于是就同意了。但很快国王就发现,即使将国库所有的粮食都给他,也不够1%。

今天我们知道，所谓棋盘麦粒数，其实是一个首项为1公比为2的等比数列，根据等比数列的计算方法，$S=1+2+2^2+2^3+\cdots+2^{63}$，直接写出数字来就是18 446 744 073 709 551 615。这是一个什么数字呢？如果造一个宽4米、高4米的粮仓来储存这些粮食，那么这个粮仓就要长3亿千米，可以绕地球赤道7 500圈。

即使一粒麦子只有一克重，也需要数十万亿吨的麦子才够。智者西塔所要求的，竟是全世界在两千年内所产的小麦的总和！尽管从表面上看，它的起点十分低，从一粒麦子开始，但是经过多次乘方，形成了庞大的数字。

第二个故事就发生在20世纪的1979年，一群同窗好友在耶鲁大学开同学会，他们都已经毕业很多年，有感于学校一直对他们的教育和老师对他们的照顾，因此共同协商，准备给学校捐钱，这个想法说出来之后得到了校友的大力支持，大家纷纷捐款，统计下来，一共得到了375 000美金的款项。

对于这笔数额巨大的捐款，曾有人提议直接送给学校，但是有人提出学校并不善于管理这笔资产，其中的行家表示，"我们可以代替学校来理财！"于是，这笔钱一直保留在理财账户里，由专业人士为耶鲁大学理财，他们用了25年的时间进行复利的投资。结果奇迹发生了，到了2004年，这笔钱居然增长到了1.1亿美元，这也是耶鲁大学收到的最大一笔捐款。最后算下来，这笔钱的基金复利达到了37%，这就是复利的强大力量。

究竟是什么力量，使得资金由稀少变成巨额？难道真有一个支点，可以让小石头撬动地球？要揭开其中谜题，就得引出一个核心概念：复利。

● 复利在投资中的强大威力

复利是计算利息的一种方法。一般常与复利相提并论的评估方式是"单利"，指的是获利不滚入本金，每次都以原有的本金计利。与之相反的，按照复利的计算方法，是每经过一个计息期，要将所生利息加入本金再计利息，逐期滚算，俗称"利滚利"、以利生利、驴打滚、息上息。这里所说的计息期是指相邻两次计息的时间间隔，如年、月、日等。除非特别指明，计息期为1年。所谓"复利"，实际上就是我们通常所说的"利滚利"。即每经过一个计息期，要将利息加入本金再计利息，逐期计算。

因为复利的强大威力，不少名人对其赞誉有加。爱因斯坦认为："复利是人类最伟大的发明，是宇宙最强大的力量，堪称是世界第八大奇迹，其威力甚至超过原子弹。"富兰克林也说："复利这块神奇的石头，能够把铅变成金子。"可见，复利的威力早已是公开的"秘密"。预言股市的短期趋势如同猜硬币，巴菲特讲了一个从股市上短期暴富的笑话：炒股就如同向2.2亿美国人每人发一枚1元硬币举行抛硬币比赛，猜对的人可以赢得输家的硬币并进入下一轮比赛，如此20轮之后，将有215个美国人赢得100万美元。但有经济学家一定会说，将这2.2亿美国人换成2.2亿头猩猩，结果也是一样，有215头猩猩成为百万富翁。

历史数据证明，在股市里长期稳定的盈利是非常难的，一年做到超过20.7%收益的人很多，但长周期的实现这样收益的人却屈指可数。而要做到这点，需要长期持有优质的股票。以投资大师巴菲特为例，他之所以有今天的成就，就在于运用复利的杠杆进行长期的价值投资。在1964年，巴菲特成为伯克希尔·哈撒韦公司的控股股东，当时公司的股价是16美元。到了1970年末，公司的股价达到41美元，而现在股价已经超过了20万美元。

也就是说，从1964年的16美元开始计算，到1970年除去本金，在随后5年的时间里复合增长率为20.7%。而从1974年到2014年，以这50年时间20.7%的复合增长率计算，巴菲特目前的收益是194 752.7美元！这就是用复利的杠杆造富的"奇迹"。

巴菲特的投资成功告诉我们：只有坚持长期持有优质的股票，复利的威力才能发挥出来。假如他活到100岁，并且一直管理着伯克希尔·哈撒韦公司，伯克希尔·哈撒韦公司的盈利也延续前面50年的20.7%复合增长水平，那么在剩下的16年里公司股价将从目前的205 635美元上涨到3 967 028美元（假设16美元能够在100年时间里维持20.7%的复合增长将达到2 370 538 370美元的天文数字，这可是23.7亿美元）。复利才能实现最大化的造富功能。

这样的例子不胜枚举。1974年沃尔玛公司股价最低时按复权后计算为0.015美元，在26年后即1999年12月31日，上涨到70.25美元。沃尔玛在这6 333个交易日里，只有3 454天是在上涨，却有2 879天是下跌的，但这并未影响沃尔玛实现最大涨幅达4 628倍（长线大牛股有45.46%的时间里股价处于调整，这真是不仔细计算不会想到的数据）。但是，在4 628倍大幅上涨的背后，按26年计算，每年平均涨幅为38.35%。

正因为知道复利的神奇效应，在为高净值客户进行投资理财时，崔军鼓励他们进行长期的价值投资。只有这样，创赢投资才能达成这样的愿景："如果100万元每年挣30%的复利，10年资金将增值到1 379万元，50年资金将增值到4 979亿元。我们将运用复利的威力和安全边际原则，做到每次都盈利，使我们的客户10年、20年之后都成为亿万富翁。"

● 复利的威力给我们的启示

基于复利杠杆的原理以及在投资中的强大威力，崔军结合多年坚持下来的价值投资理念，提醒投资者需要注意四点：

1. 要进行投资。投资的重要性与必要性无须再多强调，人们对待财富或资本有两种方式：消费（消耗）和积累（扩增）。投资显然是最有效的积累，但收益率太低，会大大影响复利的效应。所以，保持比较高的收益率是关键。怎么办呢？答案很简单：需要进行投资。唯有进行投资，才可能有比较高的收益率。

2. 要尽早投资，并且长期投资。时间越长，复利的效应越大。投资者要利用这种效应尽早地进行投资，而且越早越好。正确的做法是，从有了工资收入后就应该有投资理财的计划。要成为证券市场的王者，不是靠一次、两次的胜利，而是靠长期稳定的复利增长。

3. 要保持持续稳定的收益率。复利的原理告诉我们，即使是保持不高不低的常年收益率，只要坚持下来也能够投资致富。多少收益率合适呢？通常来说，把目标设定为 20% 比较理想。根据市场行情，这个目标可做相应调整。个人投资者经过努力，这个目标是能够实现的。

由于市场的高效率，长期获得高报酬率的复利增长是不现实的，所以每当获得一次极高的投资收益时，首要考虑的是如何保住成果，而不是梦想着乘胜追击。不要对高成长的企业抱着过高的期望，不用担心股票有一天会突然飞到天上去，而已经持有低位买入的好股票的人，既不要把短期获利目标定得过高，也不要天天盼望着自己手中的股票快速上涨，最后失去耐心，过早抛出。

4. 珍惜点滴财富，防止大的亏损。首先，不要轻视小的基数，基数小的情况下容易产生较高的复利，但是正因为基数小，所以大部分人也不会很重视，不会从复利角度考虑问题，犯了过多的错误，反而妨碍了资金的稳定增长，这还不是最糟糕的，更坏的情形是浪费了时间这一无价财富，并且养成坏的习惯甚至死不悔改。其次，要防止大的亏损。复利的收益只有连续计算才有神奇的效应。这期间，如果有一两年收益平平还不要紧，就怕严重亏损。如果出现严重亏损，不但前功尽弃，而且复利的效应戛然而止，一切都得从头开始。要想利用复利的原理致富，就要谨记，千万不能有大的亏损。

不管原始财富有多小，只要谨遵上述四点投资箴言，投资者便可以积土成山。如果说财富是自由的工具，那么复利则是财富的工具。人类的财富史雄辩地证明了，无论何种事业，无论是来源于何种经营模式的财富，但凡富到甲天下可敌国的等级，其中都隐藏着复利投资的秘密。

永不亏损的秘诀：安全边际

人们在投资理财活动中，从来都是追求两个目标，一是最大收益，二是永不亏损。前者来源于人的欲望，后者来源于人的恐惧。而这两种追求，又衍生出两种投资原则，一是发现利差空间，二是寻找安全边际。在单纯追求利润收益的同时，人们往往最容易忽视"安全边际"这个因素。

投资成功，永不亏损的秘诀精炼成四个字，就是"安全边际"。安全边际的原则是正确而有效的，它永远是投资成功的基石。

"我坚信我的价值投资理论和安全边际原则将永不过时，无论市场如何风云变幻，不管客户的资金规模有多少，只要坚守价值投资和安全边际的原则，我们都能够持续打败市场，战胜大盘。因为我们会像保护生命一样先在保护客户资金安全的情况下再去追求高收益。"

利用价值投资和安全边际的原则，在崔军看来获利是非常大的。他常说，"我觉得巴菲特这种理念，让我们选的股票就算短线套住，长线都还未输过。"

事实上，投资最为关键的，正如投资大师巴菲特所强调的：第一，永远不要亏损；第二，永远记住第一条。而要做到这点，就必须坚守"安全边际"的原则。正因为坚守"安全边际"的原则，从发售第一只私募基金开始，崔军的宝银创赢在五年来都一直取得了绝对正收益。

● 什么是安全边际

作为价值投资领域中最核心的要素，安全边际成为投资的"诺亚方舟"。巴菲特的老师格雷厄姆首先提出了这个概念（又被译作安全幅度）。他给安全边际下了一个定义，实质价值或内在价值与价格的顺差，即价值与价格相比被低估的程度或幅度。格雷厄姆衡量股票安全边际的计算方法，来源于债券投资。

债券的安全边际是指，公司过去几年连续保持税前利润超过应付利息费用的5倍以上，多出应付利息费用的盈利部分，就形成了安全边际，即使公司未来盈利出现下降，也可以保障债券投资人的安全，照样能够还本付息。

格雷厄姆认为，经过修正后，债券的安全边际概念同样可以运用到股票投资上。正常情况下，普通股投资的安全边际是指未来预期盈利能力大大超过债券利率水平。比如根据每股收益除以当前股价计算的投资收益率是9%，而债券利率是4%，那么股票投资人就拥有5个百分点的安全边际。

巴菲特对安全边际的定义以及衡量标准与导师格雷厄姆不同。其内涵在格雷厄姆所定义的基础上作了进一步延伸："我们在买入价格上坚持留有一个安全边际。如果我们计算出一只普通股的价值仅仅略高于它的价格，那么我们不会对买入产生兴趣。我们相信这种'安全边际'原则——格雷厄姆尤其强调这一点，它是投资成功的基石。"

根据定义，只有当价值被低估的时候才存在安全边际（或安全边际为正），当价值与价格相当的时候安全边际为零，而当价值被高估的时候不存在安全边际（或安全边际为负）。也就是说，价格低于价值的差额越大，安全边际越大。作为价值投资者，他们只会对价值被低估特别是被严重低估的对象感兴趣，并从中挖掘机会。价值与价格的差距越大，投资发生亏损的可能性就越小，投资就越安全。在很大程度上，安全边际虽不保证能完全避免损失，但能保证获利的机会比损失的机会更多。

在研读了巴菲特投资理论的基础上，崔军对"安全边际"的理念又作了深入的践行，那就是坚持"四毛买一块"的原则，发现公司的内在价值。早在1996年，巴菲特在伯克希尔·哈撒韦公司的股东手册中就对内在价值做了如下定义："内在价值是一个非常重要的概念，它为评估投资和企业的相对吸引力提供了唯一的逻辑手段。内在价值可以简单地定义如下：它是一家企业在其余下的寿命中可以产生的现金流量的贴现值。"

这就意味着，无论公司是否在增长，无论公司的盈利是波动还是平稳，或者无论市盈率和股价与每股账面价值的比率是高是低，用贴现现金流公式计算出价值相对于市场价格最便宜的股票就是投资者应该买入的股票。

● 四毛买一块，坚守安全边际原则

谁都知道，有投资便有风险。对于二级市场来说，谁都无从知晓哪只股票有风险。因此购买的股票潜力如何？安全与否成了考验一个公司选股能力的最重要的标准。作为巴菲特价值投资理论的坚定践行者，崔军把控安全边际的重要原则是：四毛买一块。

"有风险的股票我们是从来不碰。在我的选股字典里，永远将坚持以 0.4 元的价格买进价值 1 元的股票，这就是巴菲特永不亏损的投资秘诀。"面对众多投资者的取经、媒体的聚焦，崔军在谈到安全边际时，永远是自信的寥寥数语。

落实到具体的选股时，崔军尤为青睐那些被严重低估的股票，要买就买那种低于净资产的股票。以投资兴业银行股票为例，在购买兴业银行的股票时，崔军要求五大银行回购股票。"因为当时五个银行全部跌破净资产，在这种情况下买银行的股票就有非常高的安全边际。毕竟，银行如果按净资产卖掉是违法的（国家法律规定，把国有资产在净资产时卖掉属于违法），此时兴业银行正好低于净资产，正好给了投资者购买的机会。

与此同时，崔军考虑到银行物业具有升值效应，更加坚定了投资兴业银行的想法。"根据我们的调查，兴业银行所拥有的一栋楼在 1998 年是用 6 000 万元买下的，到现在已经增值到几十亿元了，这种物业的升值空间非常大，所以当时银行股是被严重低估的。基于这样的考虑，我们毫不犹豫地购买了兴业银行的股票。因为当时我认为这是'四毛买一块'的好时机，抓住了这样的机会，不盈利都难。"也正因此，兴业银行为投资者带来了巨大的收益。

基于"四毛买一块"的安全边际理念，2011 年创赢投资在购买民生银行股票（600016）时就获得了成功。"选股时，考虑到民生银行的利差是所有银行中最高的，而且采取小额贷款的方式分散大额的风险，我认为其价格被严重低估。虽然大盘暴跌近 30%，但我们持有的民生银行仍取得了 25% 左右的正收益。"

这样的例子不胜枚举。早年，崔军也用同样的方式购买了基金银丰等股票，在购买基金银丰时，其股票价格只有净资产的 5 折，买入后，等获利到 200% 就退出了。

在当时，崔军运用安全边际原则也让宝银创赢在香港两个月获利 10 倍，成为获利最大的一个案例。当时中国石油化工股份（00386）国内股价为20元人民币，而香港的价格只有7元多港币。经过详细的调研，崔军知悉中石化又发现一个油田，同时国际市场原油价格又涨到147美元，当此消息公布后，崔军断定对其股价会有较大影响。因此，他把香港作为杠杆，每个大股票都有窝轮，用0.01港元左右的价格买中石化的窝轮。

恰逢此时，港股直通车开始推出，公布这些消息后，香港股市迎来暴涨，从7港元涨到13港元，窝轮就一下翻到10倍，其中一天就涨500%（香港股市没有涨跌停板限制）。投资客户都意想不到能够大获全胜，每个人都欣喜若狂。

● 安全边际如何运用

但凡世间道理，大多说易行难。在风起云涌的资本界，谁不想投资得高枕无忧，吃下"保本""包赚"的定心丸？但掌握到安全边际的精髓并不是所有人都能够做到。市场上对于股票价值估量不准的投资者比比皆是。

就连投资大师巴菲特也认为："即便是对于最好的公司，你也有可能买价过高。买价过高的风险经常会出现，而且我认为实际上现在对于所有股票，包括那些竞争优势未来必定长期持续的公司股票，这种买价过高的风险已经相当大了。投资者需要清醒地认识到，在一个过热的市场中买入股票，即便是一家特别优秀的公司股票，他可能也要等待一段更长的时间后，公司所能实现的价值才能增长到与投资者支付的股价相当的水平。"

从理论上来说，如果恪守安全边际的原则，将有可能产生两大作用：一是弥补我们评估价值时估算错误的风险；二是弥补运气不好时，股市下跌到比正常情况更惨的风险。但是由于我们购买的价格大大低于评估价值，较大的安全边际可以保障我们照样赚到钱，尽管赚的钱没有预料得那么多。但以大多数投资者的经验来说，公司可能比我们估计的盈利情况更差一些，股市可能比我们预计的涨跌情况更惨一些。那么如何做到有效地运用安全边际原则？在多年的实践经验中，崔军总结了如下经验：

1. 估值要保守。正如格雷厄姆所认为的，预测公司未来的盈利非常困难，估值则必须保守。一般而言，基于公司过去长期稳定的盈利记录计算的平均盈利水平，可以增加对未来预测的准确率；但是基于过去盈利的增长比率数据推算出成长性趋势则毫无意义，一是这种趋势往往本身并不存在，二是建立在成长趋势上的估值根本没有实际依据。

巴菲特也强调要保守预测公司未来现金流量："我们永远不可能精准地预测一家公司现金流入与流出的确切时间及精确数量，所以我们试着进行保守的预测，同时集中于那些经营中意外事件不太可能会给股东带来灾难性恐慌的产业中。即便如此，我们还是常常犯错，大家可能还记得我本人就曾经自称是相当熟悉集邮、纺织、制鞋以及二流百货公司等产业的家伙。"

2. 安全边际要足够大。在投资股票时，什么时期买入要看想买入的品种是否已经具备足够的安全边际。这也是崔军不断调研和思索的主要因素。巴菲特曾强调："我们在买入价格上坚持留有一个安全边际。如果我们计算出一只普通股的价值仅仅略高于它的价格，那么我们不会对买入产生兴趣。我们相信这种'安全边际'原则——格雷厄姆尤其强调这一点是投资成功的基石。"

而巴菲特的导师格雷厄姆认为，只有价值显著高于价格才具有足够的安全边际。他列举出的一个称得上廉价的股票标准是：价值至少要比价格高出50%以上。换句话说，价格相对于价值至少低估了1/3以上，相当于打了6.6折。

巴菲特根据安全边际进行的价值投资有一个形象的比喻：用4毛钱购买价值1元钱的股票。也就是说，价格相对于价值打了4折。这也是崔军一直坚守的"四毛买一块"的原则。

3. 要适度分散投资。鸡蛋是放在一个篮子里，还是放在多个篮子里，历来是投资学的经典问题，激进的投资策略偏向于孤注一掷，而保守的投资策略多效法狡兔三窟。格雷厄姆只利用净有形资产价值和市盈率等指标进行简单的价值评估，个别股票估算出现错误在所难免，但是分散投资于多只股票形成一个组合，盈利概率就大得多，因此格雷厄姆认为一定要分散投资至少10只、最多30只股票。鸡蛋不要放在一个篮子里背后的逻辑是，单个独立事件的概率永远要高于相互独立事件之乘积。

1984年巴菲特在哥伦比亚大学演讲中指出，适度分散投资将使盈利更有把握："事实上，如果你能够买进好几只价值严重被低估的股票，而且你精通于公司的估值，那么以8 000万美元买入价值4亿美元的资产，特别是分别以800万美元的价格买进10种价值4 000万美元的资产，基本上毫无风险。"

4. 学会保守的智慧，培养审慎的品质。穿越投资实战的窗口，去洞察投资行为本身背后的人性根源和心理机制，我们会发现，安全边际作为一种考察价值和风险的方法，其实是基于人性深处的一种重要本能。对安全边际的运用是否纯熟，实则在于对人性的理解是否深刻。

从投资人在资本市场上首先解决的问题是怎么样看待自己，是视自己是万能的上帝具有绝对理性，还是视自己是一个有先天缺陷的主体。这种对自己看法的差异对投资人的长期命运至关重要，如果视自己是上帝，就会不断地征战股海，穿梭跳越，伤痕累累地被市场吞没。如果你视自己是有缺陷的，智力不足、情感残缺，就会采取一种比较保守的策略，长期投资、少交易、少决策、少买卖，做了决策之后就静候最后的结果，较少体现、发挥聪明才智。

成熟的投资者从不展示自己的聪明才智，没有征战股市的欲望和行为，没有太多的技术和战术。巴菲特做出了几个有限的决策就完成了一生的财富，他认识到自身能力的不足，便提出了能力圈，主张在一个小范围之内专注某些公司，充分认知之后做一个根本的、大的决策，之后就像一只呆鸟一样等结果。因为崔军知道在动荡的复杂环境中，只要敢于出手、敢于挑战复杂的环境，学会保守的智慧，培养审慎的品质，就能获得胜利。

事实上，要做到真正的价值投资，坚守安全边际原则并非理论说得那么轻松，对于崔军而言，价值投资是在战略上要把握的方向，而在实际的战术中，还要有灵活对策。

价值投资的心法：时刻保持理性

"市场先生犯下愚蠢错误的时候有两类，恐惧和贪婪。恐惧和贪婪是市场一再发生的传染性极强的流行病。在别人过于恐惧时，我们要反恐，只有在别人都恐惧不敢买股的时候，你反而有可能低价买入好股票，但别人过于贪婪时，我们要恐惧。"

——沃伦·巴菲特

在私募界叱咤风云的崔军，其办公室的四周墙壁都挂着巴菲特的各种语录。在最显眼的地方，是这样的几句话："市场的起起伏伏我都经历过，这个过程有过失败也有过成功，最终练就了我作为一个基金经理最基本的素养，那就是要冷静和理智。"每当谈起市场变幻时，他脸上依旧保持着纯真的笑容。和许多投资牛人一样，崔军也有过投机行为和焦躁的时刻，但事实证明，要想获得长久而巨大的财富，浮躁和短视都是撒手锏。

在他的投资哲学中，一流的投资人，应当有绝对的理性。"没有运用理性思维，没有保持审慎的心理，在投资行为中缺乏理性精神，苦果就会降临到头上。"

● **投资心法：时刻保持理性**

崔军历来以股神巴菲特为榜样，巴菲特素来以清醒、理智著称，每在风雨关头总是能做出惊人之举，拥有独识卓见，取得业界佳绩。在他的身上，能看到一点：保持理性的投资心法。

2008年美国爆发有史以来最严重的金融危机。巴菲特管理的伯克希尔·哈撒韦公司是全球最大的再保险公司，这家公司并没有像AIG等很多大型金融机构那样，面临倒闭风险而不得不向政府申请援助，相反，伯克希尔·哈撒韦公司甚至还趁机大规模低价投资买入。之所以反其道而行之，在于巴菲特对伯克希尔·哈撒韦公司的冷静思考："我们绝不会去依赖于陌生人的仁慈。'大到不能倒'绝对不会是伯克希尔保全性命的退路。相反，我们将妥善安排处理我们的事务，使得任何我们能够预见的现金需求数额，与公司自身的流动性相比，都是小菜一碟。而且，我们数量众多、多样化的业务不断创造出来的利润也将不断增加公司的流动性。"

在2005~2007年猛涨的大牛市，巴菲特为了防止意外，却把200多亿美元的现金掌握在手里，只赚取微薄的存款利息，当百年不遇的金融危机爆发时，巴菲特因为有大量现金而安然度过。可是，巴菲特如何能够抵制多赚几百亿美元的诱惑，多年一直不动这笔风险防范资金呢？只是因为一点：理性。作为巴菲特的忠实粉丝，崔军身上也有着浓厚的理性精神。

"投资必须是理性的。在我还很年轻的时候，每当我投资失败，我不敢出门，而是把自己关起来，因为我害怕其他人的恐慌影响到了我。"崔军也非常强调理性。在他看来，人往往是很感性的，理性就意味着控制自己的感性，按照大道和规律来行事。

"我们坚持价值投资，也坚持持之以恒的理性。"崔军不厌其烦地在博客上、致股东书上、面对媒体时说着这些话。渐渐地，中国投资界的严格理性派成为他的标签之一。理性、明智、审慎的心法在他的操盘行动中更是展现得淋漓尽致。

"我们要成为一个非常聪明的投资者，因为无论如何谨慎，每个投资者都免不了会犯错误，只有坚持巴菲特的安全边际原则。无论一笔投资看起来多么令人神往，永远不要支付过高的价格，你才能使你犯错误的概率最小化。股票并非是一个交易代码和电子信号，而是表明拥有一个实实在在的企业的所有权，企业的内在价值并不依赖其股票价格，市场就像一个摆钟，永远在短命的乐观和不合理的悲观之间摆动。聪明的投资者是现实主义者，他们向乐观主义者卖出股票，并从悲观主义者手中买进股票。"

正是由于坚持时刻保持理性的投资心法，使得崔军旗下的基金迅速发展，连续多次获得股票交易的冠军。

在这个过程中，股市行情无论是高歌猛进，还是雪山崩塌，崔军都能保持坚挺而沉稳的步伐，迈向投资界群峰之巅。时刻保持理性的内功心法，招法简单而功力高深，理解容易而持守很难，投资者不可不察，不可不修。

第 3 章

风谲云诡的资本故事

"兵无常势，水无常形。"
"运用之妙，存乎一心。"

投资是一门严谨的科学，也是一种灵活的艺术，更是一个复杂的行为系统。在前人的反复验证和长时间的点滴积累下，投资史上出现了诸多准则或理念，为今人所熟知铭记；那些颠扑不破的投资法则与训诫，至今指引着后来者的投资实践。

然而，作为形式逻辑的理念可以自洽，但作为行为意义的理念则不会自明，理念必须在实践中才得以体现。投资准则、理念，倘若不能在现实社会中以高频的、广泛的、持续的成功运用，则必定会失去说服力，也无法在市场中获得一席之地。

正基于此，我们常常看到，优秀的金融家和成功的投资者并不在于把那些投资理念或市场分析说得头头是道；而是在往复多次的交锋角逐中夺取胜利。他们最摄人心魄的人格魅力便在一次次的市场涨落与事件风波中得以体现：敏锐的直觉、深邃的洞察、细致缜密的理性分析、敢于担当的职业勇气、坚定不移的价值自信、率真务实的品格和豁达超然的气度……

崔军正处于中国私募基金大发展的时期，他个人的成长史和宝银创赢的壮大史，正体现了中国私募基金的发展史。他历经的每一个经典案例，都是中国私募基金发展史上的一个片段，也是投资者们汲取投资智慧的样本。

01	2007 年 4 月 April 2007
	银丰基金封转开

03	2011 年 7 月 July 2011
	反对招行配股

05	2012 年 8 月 August 2012
	逼宫五大银行回购

02	2008 年 6 月 June 2008
	围攻赛马实业

04	2012 年 8 月 August 2012
	抵制兴业银行买楼

07	2013 年 10 月 October 2013	**09**	2014 年 5 月 May 2014
	中百集团控股之争		交通银行增持建议

06	2013 年 8 月 August 2013	**08**	2014 年 5 月 May 2014	**10**	2015 年 9 月 September 2015
	对阵华北高速		光大银行破净建议		新华百货股权交锋

基金银丰封转开　私募与公募的财富对决战

十余年的迅猛发展，至 21 世纪初，基金业进入稳步发展期和深度调整期。2002 年，开放式基金出现了超常规式的发展，规模迅速扩大，并极大地冲击着原有封闭式基金，封转开行动成为当时众多封闭式基金面临的重要关卡。银河基金管理公司（下称"银河基金"）旗下的封闭式基金银丰的封转开之争，成为当时业界备受瞩目的事件。

2007 年初，基金银丰的二级市场价格较基金单位净值折价近 40%，由此成为崔军等基金持有人眼中的鱼肉，当时基金银丰的价格是 6 毛，这个状况意味着转开放式后必须以 1 元的价格给投资者。封转开逐渐成为众多持有人的诉求，并组织力量展开行动。在联系到众多基金银丰持有人后，崔军向银河基金公司提出了召开基金银丰持有人大会并讨论封转开的要求，以消除基金银丰的折价。

这注定是一场基金机构与持有人及各方力量的艰难博弈，也是崔军个人在中国私募基金界的第一次华丽开场。

● 合同明确承诺，引发封转开风波

2007 年 4 月 18 日下午，崔军前往银河基金管理公司，双方就基金银丰提前封转开展开交锋。

基金银丰是银河基金旗下的封闭式基金，是合同最特殊的封闭式基金之一。其总份额是 30 亿份，成立于 2002 年 8 月 15 日，存续期为 15 年，到期日为 2017 年 8 月 14 日。

合同中约定，基金银丰成立一年后，如果持有人大会通过，并获得相关部门同意后，基金银丰可以提前封转开。如果基金银丰提前封转开，现有持有人将是最大受益者。因此，基金银丰一直因基金契约中明确表示可提前转为开放式而备受关注。2007年上半年封转开大潮不断，基金银丰却依然迟迟不见转开放的征兆，这引起了一些持有人的不满。最早推动基金银丰封转开的是王源新。2003年9月，即基金银丰成立一年后，王源新就提议基金银丰封转开。当时，部分持有人参与了提议，基金银丰封转开召开持有人大会的条件已经基本符合，但由于当时封转开市场环境仍不成熟，召开持有人大会的提议没有得到银河基金的支持，最终无功而返。基金银丰在运行一年的时间里，基金银丰只有2003年6月18日一次分红，每10份份额分红仅0.2元。王源新两次提议要求银丰基金封转开以维护持有人利益。"分红这么少，折价率又高，损害了投资者利益，我们当然要求基金银丰封转开了。"一位基金银丰持有人表示，他当初买入了100万份基金银丰，假设封转开成功，就有较高的无风险套利收益。

事实上，基金公司并不愿意封转开。因为封转开后，将面临着赎回的压力。但对基金持有人来说，情况就不一样。封转开后，他们可以得到30%的折价率，具有巨大的套利机会。根据基金银丰成立公告以及合同契约，收取管理费用是1.5%×基金净值总额，基金银丰每年稳收4 500万元以上。封转开后，公司就没有这个固定收益，这也是基金公司不愿实施封转开的原因之一。

由此，崔军期待聚集超过50%的持有人，在没有银河基金参与的情况下，召开持有人大会。《基金法》第七十五条规定，基金份额持有人大会应当有代表50%以上基金份额的持有人参加方可召开。

一方是坚持封闭式基金保持高收益的基金公司，一方是期待通过封转开获得高折价率套利的持有人。这是一场在当年备受瞩目的金融机构博弈事件。从规则来看，合同中有利于持有人的明确承诺依据；但最开始谈判的强势方则在基金公司。如何博弈，则全在各方的行动与策略。

● 私募基金出招，争取更大话语权

山雨欲来风满楼，崔军准备借助私募基金力量，出手介入。2007年4月18日下午4时，上海东大名路908号金岸大厦3楼，崔军准点到达银河基金公司所在地，向公司表明来意，称已联系到超过 51% 以上基金银丰持有人，为维护所有基金银丰持有人的权利，消除基金银丰 30% 左右的折价，提出请银河基金公司主动召开基金银丰持有人大会并讨论封转开。

情势发展至此，如果银河基金公司不在 4 月 28 日前给予答复，崔军将自行召开基金银丰持有人大会，让所有基金银丰的持有人网上投票表决取消银河基金公司的管理权，并将安排另外的基金公司接管基金银丰并进行封转开。

根据《基金法》有关规定，基金份额持有人大会应当有代表 50% 以上基金份额的持有人参加，方可召开。此时，崔军宣称，公司已经买入一定数量的基金银丰，并已收到一批基金银丰持有人的提前封转开委托。此外，崔军还联系到持有基金银丰的 QFII（合格境外机构投资者），QFII 表示支持此次基金银丰提前封转开。

截至 2006 年底，QFII 持有基金银丰份额已经超过 40%，为首的两家 QFII 持有比例均上升到 18.65%。

基金持有人大会的各方面条件都已齐备，即将转入运作程序。

● 银河基金冷对，遵章办事走程序

崔军携带着宝银创赢的强势方案促动封转开，但阻力很快再次显现出来。

与崔军的郑重其事前往提送封转开要求书相比，银河基金公司对封转开兴趣显然不大。银河基金公司营销负责人吴磊出面接待，在得知崔军来意后，他始终不谈是否召集持有人大会提前封转开一事，而是围绕着宝银创赢为何注册名与原先不同、宝银创赢持有多少基金银丰、宝银创赢考虑换哪家基金公司来管理等问题进行追问。

提前封转开，银河基金相关人士并不作明确表态。他们只反复喊着"维护持有人利益"和"依法办事"的口号，但究竟如何落实维护持有人利益，以及是否将依照有关基金法主动召集持有人大会，银河基金的相关人士并不明确回答，而是将话题绕到其他问题上作争论。

在崔军的反复追问下，吴磊称相应的机构和长线持有人并不愿意提前封转开，建议崔军可以考虑分红、创新型封闭式基金等方式来解决封闭式基金的高折价率问题。

此时，反应很快的崔军则提出，持有人是否愿意提前封转开或是接受其他解决办法，权利应该交给持有人，应该通过持有人大会让持有人自由表达自己的意见，并通过投票作出自己的最终选择。

对于提请银河基金主动召集持有人大会并讨论封转开的书面函，银河基金公司人士拒不签收。形势陷入僵局，崔军不做一次重拳出击看来是不行的。

● 宝银持续猛攻，银河基金最终妥协

眼看交涉未果，崔军采取了进一步行动，这一场公募与私募封转开较量开始升级。宝银创赢在网站公开发出《关于召开基金银丰网络持有人大会的通知》，声称将在 2007 年 4 月 28 日星期六早上 9 点 18 分召开网络基金银丰持有人大会，机构持有人及 500 万份以上的持有人可到现场开会，500 万份以下的持有人可委托宝银创赢参与投票。

随后，宝银创赢向证监会递交了一封公开信，将此前发布的自行召开基金银丰持有人大会的公告报请证监会备案。公开信里提到："我公司作为基金银丰的持有人已联系到超过 51% 以上基金银丰的机构持有人和个人持有人"，希望银河基金主动召开持有人大会，如果银河基金公司不在 2007 年 4 月 28 日前对召开持有人大会讨论封转开作出具体时间安排且不予答复的话，有可能"自行召开基金银丰持有人大会，让所有基金银丰的持有人对取消银河基金公司的管理权并将安排另外基金公司接管基金银丰并封转开一事进行网上投票表决"。

这场私募对决公募的战役最终的战果是，不愿意接受封转开的基金银丰抛出了折中的解决方案——在 2007 年连续四季度高比例分红，一季度分红 0.45 元，二季度分红 0.45 元，三季度分红 0.2 元，四季度分红 0.6 元，总共分红 1.7 元/份。如此一来，宝银创赢分红的钱，将完全覆盖投资成本，而且基金本身也大大消除了折价，由最初的 6 折涨到 9.5 折。同时，在大盘高涨的背景下，

"基金银丰"的净值也屡被抬高，进一步提升投资回报率。

在崔军推动"基金银丰"封转开的过程中，最终实现了"多方共赢"的局面，不仅崔军单方获利超过200%，基金持有人都达到了共赢，同时，迫使基金在高位出货分红，有效规避了大盘下跌的风险。

2007年基金银丰的大比例分红在同类型基金中是十分罕见的。这与王源新、崔军等人的努力是分不开的，他们多次提议银丰基金封转开，虽没有成功，但给银丰基金施加了一定的压力，促使了他们定期给基金持有者分红。

基民结团请愿分红，对公司有许多影响是显而易见的，但公司会根据基民请求情况提前或增多分红。而银河基金公司内部，仍旧有许多不同意见，营销负责人吴磊不认可持有人的说法。"基金银丰前几年分红少，是在大熊市情形下，没有资金可分啊，我们的业绩没有达到规定要求分红指标。""今年（2007年）基金银丰业绩稳健增长，业绩好了自然能给持有人分红。"

无论基金公司的后续态度如何，这场封转开大博弈最终是以皆大欢喜的局面结尾。而崔军有理、有力、有节的行动，也促成了中国私募基金的成熟和基金市场的完善，并成为中国金融业史和基金发展历程上的经典一例。

● 分红后还会要求封转开吗？

虽然事件离本书写作时已将近十年，当时的许多事态关系已经被时间淹没，但把时间拨回到当时，仍旧有许多问题值得我们回头思考。银丰基金大比例分红后，基金持有人以后还会要求封转开吗？吴磊认为："当然不排除个别投资者有这样的想法，我们和机构投资者一直在不断地沟通，像汇丰、中国人寿这些机构持有人都愿意长期持有银丰基金。"

尝到了甜头的崔军则表现出一种豁然态度："以前由于银丰基金不分红，他们只能要求召开持有人大会，讨论基金封转开。如今银丰基金实施了大分红，只要银丰基金能经常性分红，就没有必要逼迫它封转开。对于我来说，现在是零成本了，如果折价更高一点，我还会买进一些份额。其实，QFII也正在买进呢。"封转开一旦实现，二级市场将摆脱目前折价交易所造成的巨大损失。

现在，封闭式基金的价格中枢越来越低，其平均折价率已达 20%，这是股票市场下跌与封闭式基金本身业绩差共同形成的向下合力。如果封转开机制形成，出于对封闭式基金可能在未来某个时候由市场竞价决定价格改为按单位资产净值定价的预期，封闭式基金的投资价值将会显现。这个时候，基金折价幅度越大投资人买入意愿越强。银丰基金封转开的实现，意味着投资人出于对将来某一时候可以一次性释放折价幅度的预期而进入，从而致使银丰基金的折价率趋低。也就是说，封转开通道打开之后，市场力量将对基金资产净值的大幅度折价形成抑制作用，封闭式基金的价格中枢将趋向提升。

面对封转开问题，成立较晚、规模较小的封闭式基金将面临收入不确定的压力；规模大、成立较早的封闭式基金则可能在提升知名度、产品创新上更进一步。今后封闭式基金的规模将会有所缩小，但从长远来看，基金市场应该是封闭式与开放式长期共存，由基金契约决定是否封闭转开放，因为两者各有利弊。

银丰基金从封转开风波到最终的大比例分红，其间的每一个节点、每一次博弈和调整，都是中国基金业发展史上的一个侧面，崔军此次的行动智慧值得借鉴。（本文根据相关的媒体报道进行整理。）

概念释义

- 封闭式基金（Close-end Funds）：是指基金的发起人在设立基金时，限定了基金单位的发行总额，筹足总额后，基金即宣告成立，并进行封闭，在一定时期内不再接受新的投资。基金单位的流通采取在证券交易所上市的办法，投资者日后买卖基金单位，都必须通过证券经纪商在二级市场上进行竞价交易。

- 开放式基金（Open-end Funds）：是指基金发起人在设立基金时，基金单位或者股份总规模不固定，可视投资者的需求，随时向投资者出售基金单位或者股份，并可以应投资者的要求赎回发行在外的基金单位或者股份的一种基金运作方式。投资者既可以通过基金销售机构买基金使得基金资产和规模由此相应的增加，也可以将所持有的基金份额卖给基金并收回现金使得基金资产和规模相应的减少。

■ 封转开：封闭式基金，在符合一定的条件下，可以转换成为开放式投资基金。详细一点说封转开指通过证券市场交易的封闭式基金转为可以直接按净值申购和赎回的开放式基金。由于封闭式基金的交易价格和净值之间存在较大折价（贴水），因此封转开理论上是会存在较大的套利空间。封转开消除了封闭式基金到期的不确定性，成功的封转开可以使持有人避免因到期清盘而遭受损失，维护市场稳定。《证券投资基金法》对基金封转开的相关事项作出了明确规定。第65条规定："按照基金合同的约定或者基金份额持有人大会的决议，并经国务院证券监督管理机构核准，可以转换基金运作方式。"

附：一封私募基金给基金银丰要求召开持有人大会讨论封转开的公开信

银河基金管理公司：我们目前持有很多基金银丰（500058），目前我们一共持有还不到3亿份，2007年3月19日星期一我们到银丰基金的管理公司银河基金管理有限公司，要求其履行合同并召开基金份额持有人大会讨论封转开，但没有得到银河基金管理有限公司的答复。

基金银丰合同第二十二条规定，"本基金发起设立后封闭运作一年以上，出现下列情形时，由本基金管理人根据其他有关当事人的意见等情况适时召开基金持有人大会讨论本基金由封闭转开放的相关事宜：（1）基金管理人提议；（2）持有本基金份额10%以上的持有人提议；（3）法律、法规及监管部门的有关规定。"只要获得持有人大会表决通过，以及证监会与交易所同意，便可进行转变为开放式基金。

2003年10月28日，《证券投资基金法》正式经全国人大常委会表决通过，在2004年6月1日实施,这份基金业大法的出台,对基金持有人的利益加强了保护,将成为封闭式基金当事人转换基金类型的法律依据。根据《证券投资基金法》第七十五条之规定,"基金份额持有人大会应当有代表50%以上基金份额持有人参加,方可召开;大会就审议事项做出决定,应当经参加会议的基金份额持有人所持表决权的50%以上通过;转换基金运作方式、更换基金管理人或自基金托管人、期限终止基金合同,应当经参加大会的2/3以上通过。"按照《银丰基金契约》,大会上必须有持有银丰基金总份额50%以上通过,才能表决通过;按照《新基金法》对持有人大会的阐述:讨论转换基金运作方式,必须由代表50%以上基金份额的持有人参加大会,方可召开,并要求经参加大会者所持表决权2/3以上通过。

如银丰基金的管理公司对召开持有人大会讨论封转开,在一周内没有答复,根据基金银丰合同第二十二条规定,我们决定向银丰的机购持有人发出邀请,共同提议召开基金份额持有人大会讨论封转开。

统计数据显示,截至2006年6月30日,基金银丰的机构持有比例从去年年底的57.54%上升到71.43%,其中QFII持有比例从6.56%快速上升到33.84%。瑞士银行、摩根士丹利、渣打和香港上海汇丰分列第一、二、七、十大持有人,其中前两者的持有比例分别达到16.4%和15.14%,超过了国内投资者10%的持有比例限制。

希望基金银丰的国外国内机构来电联系,共同推动封转开。希望广大个人持有者在持有人大会上投赞成票。谢谢!

2007年3月22日

伏击赛马实业　　私募基金争夺上市公司控制权第一案

在股权分置时代,绝大部分上市公司的收购是通过协议受让非流通股进行的。随着全流通时代到来,通过要约收购或"举牌"方式获取上市公司控制权将会越来越多。2015年以来，举牌热持续，仅7月就有23家上市公司首次发布被举牌的公告，创2014年以来单月新高。进入8月，各路资本举牌仍此起彼伏。业内人士表示，举牌潮的背后可能存在对上市公司控制权的争夺。

而中国私募基金争夺上市公司控股权的历史，最早要追溯到2008年夏季的崔军宝银投资（宝银创赢的前身）伏击赛马实业一案。

2008年6月下旬，上海私募圈内流传着这么一则消息：宝银投资寻求大资金合作举牌赛马实业。

2008年5月下旬，宝银投资是上海首届私募基金价值论坛的联合组织方。2007年，其曾发起基金银丰和基金天元持有人，向这两只封基"逼宫"，要求基金管理人分红。最终，高比例分红使这两只封基在二级市场表现强劲。

伴随着大小非解禁，主导股票市场估值体系的主动权日益从金融资本转移到产业资本手中。2008年7月8日，不甘坐以待毙的金融资本开始着手"伏击"产业资本，宝银投资作为赛马实业的流通股股东和机构持有人，正在寻求与大资金合作，打算"围攻"赛马实业，以进入赛马实业董事会。

● 从低板块水泥入手盯上赛马实业

风雨任掀无事处，波澜常荡有心人。"盯上赛马实业很偶然，我的选择标准也很简单，就是从市盈率最低的板块中选出市盈率最低的个股。"2008年6月9日，崔军的宝银投资和另一家私募刚完成对赛马实业的调研。

2007年，崔军发现水泥的价格被严重低估。油、煤、钢铁都在涨价，水泥不涨不现实。而由于水泥行业存在恶性竞争，水泥价格很低，有的公司水泥2007年平均价格还比不上1993年，"15年过去了，煤炭价从当年的110元/吨涨到了700多元/吨，而水泥的价格竟然没有变，这不符合常理。"

当时宁夏修三条铁路，赛马实业的水泥突然供不应求，买水泥排队要排两三天才可买到水泥。水泥的价格上涨从2008年4月开始提速。4月10日，产量占到60%的425型号的水泥销售均价是301元/吨，5月1日则升至316元/吨，到了5月10日，这一均价达到了326元/吨。

"5·12"地震后的第3天,水泥的价格拉升到了376元,崔军当时几乎每天都给销售部打电话了解价格。他了解到,水泥价格已经达到398元/吨,422元/吨,最高时能涨到466元/吨。由于煤电的涨价,每吨水泥的成本增加了22元,总成本约在150元/吨。崔军算了一笔账:以当年500万吨销售量算,考虑到涨价因素,2008年赛马业绩应该能到1.88元左右。

崔军的乐观程度远超过券商们的分析。有券商分析师在4月下旬预测赛马实业2008年EPS为0.785元,提价后约上调至0.9元,而在提价前的市场预测均值为0.765元。

赛马实业能够吸引到崔军,还在于该公司的税收非常优惠。"17%的增值税即征即返,所得税只有15%还可抵扣,去年退税0.64亿元,估计今年退税会有0.98亿元。"而该公司控股股东中材集团对赛马实业2010年产能达到1 500万吨的承诺也让其信心十足。

当时,崔军是在10元左右买进赛马实业,如果按2007年0.5元的业绩评估是20倍市盈率,但是大盘涨到6 124点时,赛马实业涨到16.7元左右。之后上证指数跌到5 000点,但赛马实业在2008年1月份左右,涨到了25元,这时上证指数出现了下跌,崔军就发现有点不对头,因为这个时候赛马实业的市盈率也有50多倍了,估值比较高,于是他就减掉70%的仓位,但是也不敢全部出来。后来上证指数暴跌了,赛马实业又跌到12元左右,他又继续买入。

到金融危机时,和崔军一起去调研的另一个私募在当时顶不住了,因为他年纪已经60多岁了,他说:"雷曼都破产了,我要逃命了。"他就把股票全都抛了,当时崔军还不知道他已经抛了赛马实业,且他本人还坚持继续买入。赛马实业跌到9元左右时,崔军看到赛马实业账上有7亿元的现金,总市值才14亿元,花7亿元可买下它50%的股份控制董事会。所以当时提出联合收购赛马实业,控制董事会的方案。根据崔军的分析,当时赛马实业的水泥卖到466元/吨,水泥已经涨价,基金的业绩就能提升,他认为没必要卖出。随着"国九条"的出台,赛马实业连续涨停。当有的私募在30元又冲进去的时候,崔军认为赛马实业估值偏高,考虑到铁路修完后水泥供过于求后水泥价格会跌价,就在

30~40元全部卖出，避免了亏损。

哪里有不均衡，哪里就有利差空间和利润机会，金融市场的逻辑就是这样，赛马实业的状况为崔军所获悉，奉行价值投资理念的崔军，意图掀起一场新的行业大戏。

● 吹响进攻号角，提出四大要求

崔军盯上赛马实业已有一年多，初始进场成本在10元左右，2008年1月中旬，在25元左右时减仓70%，数天后，赛马实业股价升至历史最高价25.81元。6月9日，其和另一家私募刚完成对赛马实业的调研，便再次大举"杀入"赛马实业。

2008年1月中旬，崔军在25元左右时减仓70%，数天后，赛马实业股价升至历史最高价25.81元。宝银投资权衡利弊，认为举牌赛马实业不如直接入主赛马实业的管理层。

资料显示，2008年5月中旬，经过公开增发5 092万股，赛马实业的总股本有1.9513亿股。赛马实业的两家国有股——宁夏建材集团有限责任公司控股35.74%，宁夏共赢投资有限责任公司控股1.79%，双方总控股为37.53%。而嘉实、华夏等30多只基金在部分参与公开增发后，持股比例约在29%。如果宝银投资联合持有50%以上股份，进入董事会就没有障碍了。

而数据上也有印证，基金的平均持仓成本约在15.5元，而该股股价最近一直未超过15元。由于多个基金投资公司都套在里面，宝银投资试图联合进军赛马实业的设想得到了他们的支持，即在召开临时股东大会的时候，对宝银投资的提案表示赞同。

2008年6月9日，宝银投资和另一家私募完成对赛马实业的调研，开始实施参与赛马实业管理层的计划。

宝银投资作为赛马实业的流通股东，又是机构持有人，代表63.1%的流通股股东正式向赛马实业董事长李永进发传真，并寄出快递，提出参与上市公司管理的四条要求，并要求赛马实业召开网上临时股东大会予以讨论。四条要求如下：

1. 赛马实业股份有限公司 2008 年中报分配方案实以上施公积金 10 转赠 10 股。

2. 在上海成立赛马实业投资部，由宝银投资总经理崔军任赛马公司副总经理，兼任投资部总经理。

3. 赛马实业出资不超过 5 000 万元给赛马实业投资部，由崔军负责二级市场和一级市场的证券投资。年收益超过 30%，第二年可增加 5 000 万元，依此类推，年收益超过 8% 以上利润的 20% 作为奖励支付给上海宝银投资咨询有限公司。

4. 要求公司加快山西的水泥生产线建设，加强在水泥行业的并购扩张，让赛马实业早日走出宁夏，尽快完成山西水泥生产线的建设，尽快完成 2010 年 1 500 万吨的产能目标。

这是国内首次出现私募基金要求进入上市公司管理层，同时也是国内金融资本首次尝试联手冲击产业资本话语权的举动。过去也出现过不少庄家跟大股东达成默契进入公司管理层的先例，但流通股股东通过二级市场收购，试图进入上市公司管理层却是国内第一次。

稍早于提出四点要求前，宝银投资曾试图联合大资金举牌上市公司赛马实业。如果举牌，这也将是国内证券市场第一起私募举牌案。但崔军谋虑再三，觉得举牌不合算，举牌之后半年内都不能卖。

● 展开正面交锋，宝银重拳出击

私募基金进入上市公司管理层，在此前没有先例，而崔军宝银投资对赛马实业的这一伏击争夺战，也不可能会一帆风顺。

面临着内外两方面的障碍：从外部看，宝银投资至少拥有 1 亿股才可以对赛马实业进行绝对控股，他们希望在 7 元以下买进 1 亿股，但从当时赛马实业的市价来看，却无法达成这个目标。

事情的关键转化为宝银投资能否联合其他私募基金和重权在握的公募基

金，而依照当时的情况看，联合持有达股份的公募基金的可能性不大；从内部看，宝银投资也担心自己内部意见的不统一，当时基金流通股拥有5 300多万股，占27.3%，而大股东占36.8%，加在一起只有64.1%。如果基金流通股方面不统一，对宝银方面就会产生不利。

崔军坚定地认为自己和赛马实业的根本目标相同，他认为只有双方合作才能达到互利的结果：崔军预把赛马实业打造成中国的伯克希尔·哈撒韦，而赛马实业的业绩上升了，其股价也能相应地上涨。

崔军认为其进入赛马实业董事会是有积极意义的，不仅仅是合理投资决策带来的盈利性的好处，例如针对当时的大盘是一个历史大底的情况，宝银投资进入赛马实业董事会之后，可以用赛马实业的资金收购一些被低估的股票，又可控股一些别的被低估的公司。另外，私募基金进入董事会还可以监督董事会的行为，促进其更好地发展产业，也可以在适当的时候帮助其引进投资人才。

● 以股东大会为盾牌赛马沉着应对

面对这场金融资本向产业资本打出的"狠拳"，赛马实业董事长李永进很平静。在赛马实业增发之后，公募基金的持股比例很高，李永进觉得公募基金肯定要考虑自己的利益，大部分基金不是看股票炒作后的短期利益，是希望企业平稳发展的长期利益。况且，股东要求进入董事会，一是要在法律法规允许的范围内，二是要有利于上市公司的长期健康发展。

对于崔军的进逼行动，李永进有充足的信息，A股市场里，大股东持股不超过50%的很多，美国有很多大股东持股只有9%，也没有被要约收购，是否要约收购，并不是单纯看大股东的持股多少。对于36%的相对控股优势，李永进并不认为自身处于被动局面。

而对于宝银投资提出的四点要求，李永进主张按照正常的程序进行，即通过向董事会提交议案，相关提议经过股东大会批准后才能实行。换言之，股东大会也有权力否决这个意见。由于赛马实业只收到宝银投资给董事长李永进个人的有关提议，并未接到其他股东的相关提议，故未予重视。在一个月之后，赛马实业对宝银投资的要求未给出任何反馈。

● 事未遂而功永著，掀起金融资本进入产业资本的大变革

宝银投资对赛马实业的"围攻"虽然未能圆满收场，但随着事件的影响，赛马实业从2008年11月到2009年3月期间上涨超过200%，上海宝银投资也由此赚得钵满盆满。而且事件本身也引起了各方关注，这是我国私募基金首次提出进入上市公司管理层，业界反应敏锐而激烈，认为"宝银一小步，是中国证券一大步"，是中国资本市场一个值得研究的全新课题。甚而评价这是"金融资本首次'伏击'产业资本"，是金融资本对产业资本的逼宫和围剿。这不仅因为其在资本市场"非常新鲜"，更带有产业资本与金融资本较量的痕迹。

崔军最终未能如愿入驻赛马实业，他对本次失利总结出两点原因：一是赛马实业董事会认为其目的是要对他们进行收购，所以产生了误解甚至敌意；二是之前某些媒体一直强调是私募在"逼宫"，激烈的言辞在一定程度上也加深了双方之间的误解。

结局虽不圆满，但过程振奋人心。金融资本持股占比多少可要求进入上市公司董事会，是否需要有新的法律法规出台规范，自此在中国资本市场成为一个新的课题，引起了广泛讨论。

● 业界观点：私募金融资本任重道远

对于宝银投资发起的这场"战争"，一位专业私募人士认为，关键是看手握重兵的公募基金是否参与"混战"，宝银投资的公开宣战很可能让公募基金不愿卷入这场是非。"如果联手成功，宝银投资要么逼上市公司把钱交给自己，要么逼赛马实业大股东通过二级市场收购以在表决中占绝对优势，两种结果对宝银投资都是有利可图的。再说，炒一下对宝银投资也没什么损失。"

华东师范大学金融与统计学院一位不愿透露姓名的教授称：私募基金作为资本市场的机构投资者，能比普通散户更好地实施监督的作用，有利于决策层在行事上更加慎重、认真，杜绝一些诸如大股东挪用资金等现象。

对于公募基金是否会与私募基金形成资本同盟向上市公司大股东发起挑战的问题，该教授表示："很难说，这取决于私募基金如何说服其他私募、公募基金，即提供的利益是否有足够的吸引力。"

上海证券策略分析师蔡钧毅则分析指出："公募基金公司不太可能会趟这浑水，因为公募基金与私募基金的出发点、地位和形象都不一样，他们与私募基金一起要挟上市公司的可能性不大。"

上海新望闻达律师事务所合伙人宋一欣则对中小股东参与较量表示欢迎。他提到一点，在证券市场中，中小股东参与管理上市公司的行为太少，而大股东的参与行为太多，金融资本对产业资本的监督能力太弱。在这种情况下，中小股东联合起来进入上市公司董事会，监督产业资本的行为，本身是好事。（本文根据相关的媒体报道进行整理。）

概念释义

- 私人股权投资：又称私募股权投资或私募基金（Private Fund），是一个很宽泛的概念，用来指称对任何一种不能在股票市场自由交易的股权资产的投资。被动的机构投资者可能会投资私人股权投资基金，然后交由私人股权投资公司管理并投向目标公司。

- 控制权：一般是相对于所有权而言的，是指对某项资源的支配权，并不一定对资产有所有权。资产是企业在过去的交易或事项中形成的、由企业拥有或者控制的、预期会给企业带来经济利益的资源。所谓拥有，是指一般意义上的产权，对资源拥有处置的各项权利；控制，是指在不拥有资源所有权的条件下，可以对资产所产生的主要经济利益进行支配。

- 大小非：指非流通股，即限售股，或叫限售A股。"小"即小部分。"小非"即小部分禁止上市流通的股票，即股改后，对股改前占比例较小的非流通股，反之叫大非。解禁：由于股改使非流通股可以流通，即解禁（解除禁止）。"大小非"解禁：增加市场的流通股数，非流通股完全变成了流通股。

附：私募"亮剑"，招招封喉，
上海宝银投资"围攻"赛马实业

游资"阻击"和私募"亮剑"凡事都有度，过度则反受其害。公司大股东若把股价抛得过低，不仅仅会引来证券资本向产业资本的转化，还会引来另一种危险，那就是收购。2008年7月，上海私募圈内流传着一则消息：私募基金上海宝银投资咨询有限公司（以下简称"宝银投资"）正在寻求与大资金合作，打算"围攻"赛马实业，以图进入赛马董事会。

消息一传，被市场打得遍体鳞伤的股民立即兴奋得"老鱼跳波瘦蛟舞"，诸多媒体也激动地争相涌入宝银投资和赛马实业进行采访。宝银投资的总经理崔军也不隐瞒，他向媒体证实，他们已向赛马实业董事长李永进发了传真，并寄出快递，提出参与公司管理的四项要求。说话间那自得的神态，大有"谈笑间、樯橹灰飞烟灭"的意思。赛马实业的李永进也向媒体气馁地承认，他已看到崔军给他个人的发函。他说话的样子，有些事不关己、高高挂起的意思。

宝银投资的四项要求可不是闹着玩的：（1）赛马实业2008年中报分配方案实施公积金10转赠10。大有"我的钱我做主"的意思。（2）由宝银投资总经理崔军任赛马实业副总经理，并在上海成立赛马实业投资部，崔军任投资部总经理。宝银投资要当"老二"，这家公司地处宁夏，在上海设由宝银控制的投资部，无疑"将在外，君命有所不受"，宝银架空了"老大"。（3）赛马实业出资不超过5 000万元给赛马实业投资部，由崔军负责二级市场和一级市场的证券投资。年收益超过30%，第二年总部再增加5 000万元，依此类推，年收益超过8%以上利润的20%作为奖励，支付给宝银投资。这第三点，也是关键的一点：把钱交出来！要是不交，就强迫你交！要是反抗，就炒你鱿鱼！这种迫使你把产业资本变成证券资本的凶狠态度，真让股民大快人心。（4）要求公司加快山西水泥生产线建设，尽快完成 2010 年 1 500 万吨产能目标，加强水泥行业的并购扩张，早日走出宁夏。这点是安慰性的，不过从鼓励性的语气看，宝银投资完全把自己当成了赛马的"老大"鼓励手下的人要好好干。

这四项要求，前三点是实的，后一点是虚的。宝银投资之所以敢提出如此"无礼"的要求，自然有它的底气，在发给赛马实业的传真上，宝银投资写道："能尽量满足我们 63.1% 的流通股，就是底气。"私募"亮剑"，招招封喉。要是宝银投资真有 63.1% 的流通股，那赛马实业管理层赶紧投降吧，在股份公司，控股是第一位的。

对于私募的这次凶悍"收购"，专家们都瞪大了眼睛准备看好戏。"流通股股东通过二级市场收购，试图进入上市公司管理层，到目前为止是头一次听说。"上海证券策略分析师蔡钧毅道。在证券市场上，宝银投资还是小有名气的。2007 年它曾发动基金银丰和基金天元的持有人对这两只封闭式基金进行过"逼宫"要求基金管理人分红，最终两只基金只好缴械投降，进行高比例分红，这也使得这两只基金在二级市场上走势异常强劲。"逼宫"事件，使宝银投资在市场上赢得"霸王之气"的名声。在 2008 年 5 月下旬，这家私募公司联合组织了上海首届私募基金价值论坛，大有争当私募老大意思。宝银投资的掌门人崔军告诉记者，他盯上赛马实业已有一年多，进场时的每股成本为 13 元左右，2008 年 1 月中旬，赛马股价在 23 时，崔军减仓 70%，爽爽地炒了一把。几天后，赛马实业升到了历史最高价 25.81 元，就此开始回落。到 2008 年 6 月 9 日，宝银投资与另一家私募完成对赛马实业的调研，再次大举建仓赛马实业，显然这次杀入没有扭转下跌态势，被套牢了，到底宝银投资持有多少赛马股票，崔军秘而不宣。上海宝银曾试图联合大资金举牌赛马实业，若举牌，也将是国内证券市场第一起私募举牌案。"但我后来想一下，举牌不合算，举牌之后半年内都不能卖。"崔军道。

2008 年 5 月，赛马实业公司公开增发了 5 092 万股，总股本达到 1.9513 亿股，这样的总股本，在沪市中也只能算是小盘股。赛马实业两家国有股所持的 7 200 万股在增发后被摊薄到 36.9%，而嘉实、华夏等 30 多只基金在部分参与增发后，持股比例约在29%。基金平均持仓成本在15.5元，而该股股价一直处于15元以下。"他们都套在里面了，我已接触几个基金经理，召开临时股东大会时候他们会赞成我们的。"崔军信心十足地说，似乎他统领的"十八路诸侯"已杀到汜水关下。从他的话里，我们可以推测，宝银投资所谓63.1%的股权，显然是联合了多家基金公司共同持有的比例，要是这些基金真能达到步调一致，那么国有控股权将丧失。国资委委派的赛马掌门人，位置就要可能不保。

"你是怎么知道的？"当记者问赛马实业董事长李永进是否有63.1%股权落入"敌军"之手时，他惊讶地问，随即他反问道："你知道有多少私募参与了？"对于这种来自证券资本的"围攻"，他显然心里发虚。不过嘴上自然不愿意示弱。"如果一些股东对公司有要求，可以给董事会提交议案，相关提议要经过股东大会批准后才行，股东大会也有权否决这些提议。"他说，"股东要求进入董事会，一要在法律允许的范围内，二要利于上市公司长期健康发展。"

对于36%的相对控股局面，李永进并不认为自己处于劣势，他说："A股市场里，大股东持股不超过50%的很多，美国有很多大股东持股只有9%，也没有被要约收购，是否要约收购，并不是单纯看大股东的持股有多少。"话说得很文雅，实在是底气不足。

这场私募亮剑挑起的证券资本与产业资本的决斗，胜负还很难说，关键是看手握重兵的公募基金是否参与"混战"，宝银投资的公开宣战很可能让公募不愿卷入这场是非，因为公募毕竟看政府的脸色，让国有股丧失控股权，公募基金不得不慎重。上海证券策略分析师蔡均毅分析道："公募基金公司不太可能会趟这浑水，因为公募基金与私募基金的出发点、地位和形象都不一样，他们与私募基金一起要挟上市公司的可能性不大。"他认为"十八路诸侯"那是乌合之众，各怀私意，取胜难矣。

不过代表国有股的"大非"们，在市场里像打落水狗似的追着基金们狂揍，难保公募基金不斗胆还手一击。"如果联手成功，宝银投资要么逼上市公司把钱交给自己，要么逼赛马实业大股东通过二级市场收购以在表决中占绝对优势,两种结果对宝银投资都是有利可图的。再说,炒一下对宝银投资也没什么损失。"一位私募人士羡慕道。不管怎么说,私募这次亮剑是有备而来,志在必得。股改后,市场的主动权完全掌握在"大小非"手中,低成本的产业资本处于绝对的优势地位,这次私募亮剑,虽有恶意收购之嫌,可在当下"废兴已万变,宪章亦已沦"的市场中,意义却非常深远。当产业资本在证券市场上任肆虐时,证券资本终有一天会进会反击。证券市场有融资功能,融资就是把证券资本转化为产业资本。这么多年来,自从"宝延风波"之后,证券市场的另一种功能就很少有人提起了,那就是"收购功能"。这种功能就是把证券资本转化为产业资本。融资和收购构建起证券市场的投资功能。全流通时代以前,由于国有股独大,"收购"往往达不到控股,可全流通以后,收购功能将会逐步体现。这种功能将会迫使上市公司不得不考虑增持和控股权问题,以前的上市公司只考虑怎么融资,怎么从市场圈钱,管理层也只考虑怎么让国有兑成现金,忘却了证券市场还有把现金转换成产业资本的功能。办公司不如买公司,这也是资本市场的投资机会。全流通时代的上市公司的大股东,在面临收购风险时,得考虑把钱投入到市场里,增持股票,保持控股地位。说到底,在两种资本的博弈中,胜败如"鲁智深倒拔垂杨柳——全凭力气大"。收购功能和公司的内在价值一样,会给市场建立一个新的价值标准。(本文节选自书籍《喧哗与骚动——新中国股市 20 年》第十一章第四节《两种资本大博弈》。)

招行配股阻击战　建议向巴菲特增发 H 股

2011 年入夏,中国银行业再融资风波再起。继民生银行之后,投资者又向招商银行 350 亿元 A+H 配股融资方案发难。

2011 年 7 月 19 日,招商银行(600036)发布配股公告,拟向全体 A 股、H 股股东融资不超过人民币 350 亿元。公告中称,公司拟每 10 股配不超过 2.2

股向全体 A 股、H 股股东配售 47.46 亿股，其中 A 股不超过 38.86 亿股，H 股不超过 8.6 亿股，融资不超过人民币 350 亿元。

配股公告一出台，旋即引发了崔军的公开反对，作为招行的投资者之一，崔军称招行此次配股计划将打压招行股价，伤害股东利益，并建议董事会将融资方案改为向股神巴菲特增发 H 股。2011 年，投资界最受关注的一场交锋由此拉开。

● 金融"刺头"公开致信，明确反对招行配股计划

是时，崔军作为陕西创赢投资的董事长，同时也担任陕国投·创赢 1 号基金经理，在面对招行配股的情势时，他决意通过公开信的方式，向招行本次配股计划提出质疑。

针对此次招行的融资计划，崔军在致招商银行董事长傅玉宁及全体招商银行股东的一封公开信中表示，如果招行配股，原股东没有现金参与配股，只有卖出现有股票进行配股，容易打压招行二级市场股票价格，使所有股东利益受到伤害。加上一些外国对冲基金恶意做空中国股票，招行股东利益更容易受到伤害。

对于为何建议向巴菲特定向增发，崔军有他的理由。在华尔街对中国的一片看空声中，2011 年 7 月 8 日，正在参加年会的股神巴菲特又一次特立独行，发表了看好中国未来经济发展的意见，并表示"正等待合适机会投资中国市场"。巴菲特声称，他已经准备好采取行动，正在等待来自中国的电话。

既然巴菲特在等待中国公司的电话，崔军就此希望招行与巴菲特联系，并将此次融资方案改为向巴菲特定向增发：招商银行 H 股以大约 18.5 港元的价格向巴菲特单独配售约 23 亿股，约合 350 亿人民币。他指出，目前招行 H 股比 A 股价格高出 20%，通过 H 股增发融资，招行每股收益比配股 47.46 亿（A+H 股）有大幅提高，将减少对股本的稀释，而有了巴菲特的参与，相信所有的股东都会投赞成票。

崔军认为，巴菲特的资金量太大，很难从市场上买入足够的股份，所以参

与定向增发是最佳模式，当年投资富国银行已经成为巴菲特最经典的投资案例，招商银行是中国最具成长性的银行之一，目前的估值已经回到了2008年金融危机时的水平，如果董事会能采用他们的增发方案，巴菲特参与投资的可能性比较大。

崔军的表态与行动，很快获得了一些同行的理解支持，一些股东已经和他取得了联系，对他的方案表示认同。崔军深知，要赢得这场交锋，看到预期的结果，他必须得到更多招行股东的支持，或授权他投票和直接发函给招商银行董事会，支持他向招行董事会提出他的执行方案。

"如果巴菲特能投资招商银行，不但能提升招行的品牌价值，也会带来更具前瞻性的战略发展思路"，崔军曾公开向媒体表示，这使招行的估值能够得到合理的表现，招行所有股东包括大股东也能实现共赢。

在崔军以往的行动中，公开信呼吁已是司空见惯，而在业界把公开信呼吁功能发挥到极致的也是崔军，这是中国投资理财市场成熟后的一道风景。

● 招行表态：原方案已筹备报批，机构愿意参与配股

招行大股东持什么态度呢？从当时招行董秘的表态来看，他们并不赞同至少是不支持崔军的建议。

"我们已经收到了崔军的方案。"但招商银行董秘兰奇对此并不以为然，对于取消配股，改为在H股市场向巴菲特定向增发，兰奇直言这是不可能的。

根据此前招行再融资路演的反馈，大部分H股股东都反对增发，希望参与配股，按照同股同权原则，A股市场也需配股，融资方案由此而来。

招行方面的考虑点在于，给少数的投资者定向增发，价格不好定。定低了，存在利益输送的嫌疑，之前民生银行就受到市场质疑；定高了，谁买？还不如在二级市场上直接买。如果选择增发，风险较大，在融资时间和融资额等程序上可能有问题，年底前无法完成募资。所以"不可能取消，配股是同股同权的，两地都要配股。如果通过定向增发，H股股东不会同意，H股股东都希望参与。当然，希望招行选择定向增发的人也有，但问题是老股东不赞成定向

增发的模式，因为如果是定向增发，一些人就无法参与，这些没参与的投资者会觉得吃亏，所以我们选择了配股。"

对于引进巴菲特等国外投资者，招行一直持谨慎态度。招行是招商局控股的公众公司，政府财政不持有股票，公司治理结构良好，大股东也没有干扰招行经营，无须像其他公司一样引进战略投资者。

按照相关规定，银行再融资需取得股东大会的授权，如果是内地和香港两地上市公司，还需要召开类别股份大会，必须2/3的股份同意，融资方案方能通过，假设条件较多。

招商银行在2010年曾进行过配股，高层也曾公开表示，三年内不会再有融资计划。兰奇表示，本次融资是根据银监会最新的监管规则和政策变化而提出的，投资者应该能理解，这并不是银行经营的问题。

数据显示，2011年上半年，工商银行（601398）等上市银行在境内融资总额高达1 435亿元，但随着资本充足率等监管要求不断提高，为弥补资金缺口，北京银行（601169）、光大银行（601818）、招商银行、中信银行（601998）等纷纷抛出下半年融资方案，形成了银行业的融资潮。

对于公司是否会与巴菲特联系，"不是想让谁参与就能实现的问题。股东中表示愿意集中参与配股的很多，并希望有个公平的方式。海外投资者很愿意参与这次配股，国内我相信大家会支持招商银行的。配股方式的选择是经过了充分论证的，对大家是比较公平的，对所有股东利益都能照顾到，也满足我们核心资本的补充。"

对于崔军提出的方案，兰奇的态度是："修改融资方案这么大的事，涉及全体股东的利益，还包括两地的股东。他们的这个想法，随后我们会进行沟通。"

然而，崔军以及其他一些股东不能左右大股东的意见，他的建议最终没能通过招商银行董事会会议。但是崔军的这个举动，表明中国股市的民主气氛开始浓厚，上市公司内部治理更加规范，在业界也获得了很大关注。

● 促成多赢局面是崔军的执着所在

招行配股一案，所牵动的利益各方，都有自己的理据，这在尚处发育完善中的中国投资市场，很难做出明确的是非定论，以下援引若干业界局外人的观点，他们站在独立的立场上，或许能给我们一些思维启发。

针对配股方案，业内人士分析称，对招行最终选择配股的方式并不意外，因为对A+H上市公司而言，让境内外投资者享有平等参与的机会，兼顾境内外老股东利益，较为能够获得市场认可，而A股增发、H股增发或者A股可转债在这一点上均不及配股。招行高层曾在5月30日股东大会上表示，会尽量选择对现有股东摊薄较少的方式来补充资本，细心的投资者应可见端倪。

在配股和定向增发之间，更加支持配股的做法，对所有股东能做到"一视同仁"。从过往历史经验来看，在市况不佳股价低迷的情况下，配股后银行往往会有更好的表现，过去汇丰控股（00005.HK）以及渣打集团（02888.HK）配股（香港称为"供股"）集资后，股价均大幅上扬；而只要招行近日股价下跌程度不大于配股折价幅度，股东可望通过配股获利。

由于在配股中大股东必须"掏钱"参与，表明大股东认为配股物有所值，这也使得大股东、小股东的利益本质上达到一致；而如果是通过H股定向增发募集资金的话，一些大资金可以通过沽空二级市场股份，以及参与认购折价增发跟沽空数量相当的股份，从而获得套利，受损的则是原有股东利益。

国信证券银行业首席分析师邱志承表示，招行融资计划对市场影响有限。邱志承说，招行融资计划在预期之中，对市场几乎没有影响。此前，传言招行融资计划总额为600亿元，而此次公开的是350亿元，融资规模低于预期。

一券商银行业分析师认为，银行一旦向股市伸手融资，必然会摊薄每股收益，市场有买压也有抛压，目前也无从得知缺钱的原有股东有多少，难以评估对市场的影响。以市价向巴菲特增发，对方是否愿意接受，结果难料。崔军之所以属意巴菲特，旨在借"股神"的投资效应拉升股价，惠利所有股东，同时招行可以稍高于目前市价给巴菲特 3~5 年的优先认股权，对巴菲特也有利。

尽管该交锋事件，没有按崔军预期的方向上进展，但无论如何，通过此事件股东和业界都看到了一个诚恳睿智、果敢执着的崔军，他所做的一切努力，都是想促成一种多赢的局面，历史会记住这些崔军的公开信呼吁："为了全体股东的利益，请董事会采用我们提出的方案。使招商银行能有个合理估值。现在招商银行的动态市盈率只有 7.1 倍，如果到一个合理估值 20 倍市盈率，那招商银行将涨到 35.6 元。那对所有股东不都是一个共赢吗？"（本文根据相关的媒体报道进行整理。）

概念释义

- **配股**：上市公司根据公司发展需要，依照有关法律规定和相应的程序，向原股东进一步发行新股、筹集资金的行为。按照惯例，公司配股时新股的认购权按照原有股权比例在原股东之间分配，即原股东拥有优先认购权。投资者在执行配股缴款前需清楚地了解上市公司发布的配股说明书。

- **增发**：是股票增发的简称。股票增发配售是已上市的公司通过指定投资者（如大股东或机构投资者）或全部投资者额外发行股份募集资金的融资方式，发行价格一般为发行前某一阶段的平均价的某一比例。

附：陕西创赢投资董事长崔军致招商银行董事长傅玉宁及全体招商银行股东的一封公开信

招商银行董事长及招商银行全体股东：大家好！我们公司管理的陕国投·创赢 1 号信托产品是招商银行的机构持有者，为维护招商银行全体股东的利益，我们对招商银行 2011 年 7 月 19 日的公告，公司拟每 10 股配不超过 2.2

股向全体A股、H股股东配售47.46亿股,其中A股不超过38.86亿股,H股不超过8.6亿股,融资不超过人民币350亿元的方案持反对态度。

我们为全体股东提出一套比较好的融资方案:截至2011年7月21日招商银行A股报收12.63元,动态市盈率7.1倍,招商银行H股报收18.46港币(18.42×0.8283=15.26元人民币),动态市盈率8.57倍。我们提出的方案是:招商银行H股以市价向巴菲特增发配售22.93亿股,22.93×15.26=350亿元人民币。由于H股比A股高20.6%,我们发22.93亿H股就融到了350亿元。每股收益比配股47.46亿元有了大幅提高,而且配股的话有些股东没钱配股只有卖股票配股,容易打压招商银行的股票价格,使所有股东利益受到伤害。加上一些外国对冲基金恶意做空中国股票,我们招商银行股东利益更容易受到伤害。在华尔街一片看空中国的氛围里,2011年7月8日,正在太阳谷参加年会的股神巴菲特又一次特立独行,逆市发表了看好中国未来经济发展的看法,并表示"正等待合适机会投资中国市场"。巴菲特表示,他对中国和印度的投资意向和热情从未改变,自己不会每天早上起床后考虑将集中投资世界的哪个地区,但已经准备好采取行动,正在等待来自中国或印度的电话。

招商银行现在的估值已经低于2008年的金融危机时的估值,巴菲特对中国的投资意向和热情从未改变,正在等待来自中国的电话,作为中国每年增长50%左右的银行,估值又低于2008年8月28日1664点的估值,你们说巴菲特会不动心吗?如果董事会能采用我们的增发方案,我们将为招行董事会接通与巴菲特的电话。

富国银行是巴菲特最经典的投资案例之一。1990年富国银行遭受房地产泡沫破灭危机,股价出现大幅下跌,在市场一片看空声中巴菲特却逆势大举介入,1992~1993年富国银行因计提坏账业绩差点陷入亏损,巴菲特不为所动继续增持。此后的事实证明巴菲特的判断多么具有前瞻性:2004年巴菲特持有的富国银行市值35.08亿美元,而其投资成本仅为4.63亿美元,十余年投资收益率高达658%!

富国银行是公认的好银行,但巴菲特成功的很大原因在于他选取了很好的买入时机，即在别人恐惧时贪婪。据统计，巴菲特在1989年购入富国银行时对应PE和PB分别是5.3倍和1.21倍，而1992年购入时对应PE和PB分别是15.3倍和1.41倍，1993年购入时对应PE和PB分别是10倍和1.54倍。

1986年美国开始推进利率市场化和银行业的跨区域扩张，银行间的竞争日益加剧。同时，加州等地的房地产泡沫开始出现，美国出现了很多为房地产提供信贷的金融信贷公司，这些都刺激了银行放松风险控制，开始介入风险更大的领域。而随着房地产泡沫的逐步破灭，投资者争相抛弃银行股，在巴菲特开始买入时富国银行估值跌到极低的水平。即使是在巴菲特买入富国银行后，其投资也并非一帆风顺。1991年富国银行不良贷款拨备急剧上升至13亿美元，是上一年的四倍多，几乎超出巴菲特预测的两倍。巨额拨备支出使得当年富国银行几乎陷入亏损境界。1992年富国银行依然低迷，拨备仍然高达12亿美元，最终净利润相比1990年仍然下滑了71%。但巴菲特不同寻常之处就在于此，在1992年和1993年他坚持继续增持富国银行，最终成就了一个教科书般完美的投资案例。更何况我们中国的银行资产状况非常良好，业绩今年都将大幅增长。希望大家不要被外国对冲基金看空中国的评级所欺骗，相信巴菲特你才能成功。

例如，恒大地产，在多次"警告"对冲基金做空后，恒大地产集团终于展开实际行动。7月19日，恒大地产集团（3333.HK）发布公告称，当天以总价6.56亿港元，回购了1.106亿股股票，相当于已发行股本约0.738%。公告显示，恒大此番出手的报价为5.8~6港元。在强力回购之下，恒大19日股价被推高7.3%至6.02港元。这是恒大上市后首次回购，也被业内人士视为恒大对于对冲基金的首次反击。

巴菲特在2008年9月以8港币10倍市盈率参与比亚迪的增发，使比亚迪一年后最高涨到88.4港币，涨幅达到1 100%。市盈率达到110倍。为了全体股东的利益，请董事会采用我们提出的方案。使招商银行能有个合理估值。现在招商银行的动态市盈率只有7.1倍，如果到一个合理估值20倍市盈率，那招商银行将涨到35.6元。那对所有股东不都是一个共赢吗？

最后我们还是希望得到招商银行全体股东的支持。希望支持我们的招商银行的股东跟我公司联系，到时可授权我公司投票和直接发函给招商银行董事会，支持我向招商银行董事会提出执行我们的方案。谢谢大家！

陕西创赢投资理财有限公司

董事长：崔军

2011 年 7 月 21 日

附：崔军致招商银行全体股东的第二封公开信

招商银行董事长及招商银行全体股东：

大家好！我们公司管理的陕国投·创赢 1 号信托产品是招商银行的机构持有者，为维护招商银行全体股东的利益，我们对招商银行 2011 年 7 月 19 日的公告，公司拟每 10 股配不超过 2.2 股向全体 A 股、H 股股东配售 47.46 亿股，其中 A 股不超过 38.86 亿股，H 股不超过 8.6 亿股，融资不超过人民币 350 亿元的方案持反对态度。

我们在 2011 年 7 月 21 日为全体股东提出第一个融资方案：截至 2011 年 7 月 21 日招商银行 A 股报收 12.63 元，动态市盈率 7.1 倍，招商银行 H 股报收 18.46 港币（18.42×0.8283=15.26 元人民币），动态市盈率 8.57 倍。我们提出的方案是：招商银行 H 股以市价向巴菲特增发配售 22.93 亿股，22.93×15.26=350 亿元人民币。由于 H 股比 A 股高 20.6%，我们发 22.93 亿 H 股就融到了 350 亿元。每股收益比配股 47.46 亿有了大幅提高，而且配股的话有些股东没钱配股只有卖股票配股，容易打压招商银行的股票价格，使所有股东利益受到伤害。加上一些外国对冲基金恶意做空中国股票，我们招商银行股东利益更容易受到伤害。

期间我们跟招商银行董秘也进行了沟通，董秘认为如果 20 亿~30 亿股全配给巴菲特，政府不一定会同意，我们也考虑了巴菲特如果增发的股数超过第一大股东——招商局轮船股份有限公司的 26.75 亿股，大股东肯定也不同意，再说2008年"股神"沃伦·巴菲特22日在接受美国CNBC电视台采访时，再三谈到对中国行情的看好。巴菲特透露，不久前他曾报价5亿美元想购买一只中国股票，但是遭到拒绝。巴菲特没有透露这只股票的名称和行业，但肯定地说，"这是一笔非常棒的交易，在环境适合的时候，你会看到我们在那里大规模投资。"

主要原因是国内对外资入股所设立的限制。他拒绝透露这只股票的具体名称，财经专家潘大爆出，巴菲特拟入股的公司很可能是中信银行，根据我们的沟通中看，全部增发给巴菲特被政府拒绝的概率很高。所以我们提出比较可行的第二套方案：截至2011年8月5日，招商银行A股收盘11.77元，港股收盘16.98港币×0.8261=14.03元人民币，港股比A股还高了20%左右。我们还是可从H股增发给10个以上的机构投资者。我们认为增发价格可定在16.18港币（折合13.36元人民币）以上，以16.18港币作为增发的底价，向10~30家香港国际机构增发，以报价高得到增发股票，但底价不低于16.18港币，如果在16.18港币融资正好增发26.2亿股左右。为提振股价，大股东可在A股13.36元以下港股16.18港元以下回购A股和H股，这样股价也可受到支持。增发股票也很容易成功。

最后，我们还是希望得到招商银行全体股东的支持。希望支持我们的招商银行的股东跟我公司联系，到时可授权我公司投票和直接发函给招商银行董事会，支持我向招商银行董事会提出执行我们的方案。谢谢大家！

陕西创赢投资理财有限公司

董事长：崔军

2011年8月8日

致使5家上市破净银行回购　私募组建自救联盟

"崔军又来了，这一次是针对银行股，也不知道他能不能撬得动那些大象？"2012年8月之际，陕西创赢投资向5家破净上市银行发函要求回购并注销股份的消息引起热议。风波制造者私募大佬崔军又将掀起一场银行投资界的大波澜。

● 不对称回购方案，"蚍蜉撼树"行动

A股市场绵绵不断的阴跌，将银行股打入深渊，也将重仓银行股的崔军"逼急"了。7月底，陕西创赢投资向浦发、兴业、交行、深发展以及民生等5家银行发函，建议上述银行用自有资金在每股净资产以下回购股票并注销。崔军的这一举动，被市场人士解读为向上市银行的"逼宫"行动。

崔军的行动一如往常迅速，他预判到"回购第一可提振股价，第二在净资产下回购并实施注销可提高每股净资产和每股收益"。很快，陕西创赢投资与浦发、兴业、交行、深发展及民生等5家银行有关部门取得联系，进行沟通。对方均表示已收到信函，并提交相关领导，正就这些问题进行商讨。同时，崔军还发动持股的散户授权其联名提案；号召其他机构投资者加入到他的行列中。崔军与部分持股社保、公募、私募以及券商自营盘取得联系并得到支持，确定联合发函。

8月1日，崔军"逼宫"银行回购股票行动升级。陕西创赢投资再度向上述5家银行发函，提出将银行房产按公允价值入账。崔军认为上述银行拥有大量黄金地段房产，且多是按10年乃至30年前的建造或购买的成本入账，入账金额较低，银行应按照国际惯例重新评估，按公允价值入账。"这样一来，银行的资本金会大幅增加，净资产也会大幅度提升，银行可三年不用向股东伸手融资。"陕西创赢投资在信函中还要求上述银行董事会做好统计工作，若有10%的股东发函即马上召开临时股东大会，进行网上投票表决相关方案。

尽管崔军"逼宫"行动看似声势浩大，但业内人士也有冷静的分析，"现在上市银行总市值近五万亿元，而全部阳光私募管理的资产规模也不会超过两千亿元，更何况重仓银行股的私募并不多。即便将所有阳光私募持有的银行股

份集合在一起也不到上市银行股本的 5%。"根据动议规则，提出回购股份的动议只需要 10% 以上股东联名提出即可，但要通过类似回购股份的表决案，需要至少占总股本 1/2 以上的股东一致行动，实际上通过的概率很小。崔军此举无异于"蚍蜉撼大树"。

就算不考虑上市银行的超大股本，上市银行回购股票还有一系列程序要走，等到所有程序走完，黄花菜都凉了，上市公司回购股份走完所有流程耗时数月，这期间若市场环境发生变化，回购方案将成"一纸空文"。崔军面临的情形并不乐观，留给他手上的好牌并不多。

● 逼宫意在自救，草根私募并肩作战

2012 年之际，陕西创赢投资有一个明显投资倾向，就是看多做多银行股，此番市场下调令其基金净值损失不少。"虽是'逼宫'，其意则在自救。"而如今银行一旦启动回购，股价可能随着上涨。虽然回购最终未必成行，但维护股价的目的达到了，也算是成功了。

这一点，从崔军管理的创赢 1 号可窥得一斑。2011 年，崔军并购了陕西创赢投资，当时创赢 1 号净值仅 8 毛左右。经过半年的积极运作，业绩大幅改善，净值一度到了 1 元附近，并借势发行了一只对冲基金。2011 年底，崔军开始表示看好银行股，多次向媒体表示，旗下基金重仓银行股。而近期银行股遭遇市场打击，创赢 1 号净值也跌回至 8 毛左右。当然，崔军并非孤军奋战。在陕西创赢投资的呼吁下，部分私募基金也表示支持这一行动，一些私募筹划联合向包括上市银行在内的破净公司发函建言回购股份。随着事态发展，业内持有多家破净上市公司股份的私募公司，也在考虑向持股的公司发函，要求其出台回购方案。各公司内部投资决策委员会讨论联手其他机构促成通过破净公司回购股份方案，以提振股价。而监管层在当时明确表态支持破净公司回购股票，这对这些"难兄难弟"来说也是一种鼓舞。

尽管私募"逼宫"行动更多出于自救的"本能反应"，但私募自发的草根行动也与监管部门的思路不谋而合。此后，证监会有关部门负责人连续两日表

态，上市公司，特别是"破净"又有增长潜力的公司，有义务回购股票。监管层的思路借鉴国际资本市场先进经验，而私募的行动也顺应了这一趋势。这也侧面反映出中国证券管理正走向成熟。

在股市低迷的背景下，多只银行股破净重创部分价值型私募，而另一场危机也正在侵蚀着一些偏好重组股的私募。沪市风险警示新政引发两市ST板块暴跌，不少私募人士深套其中。

在充分而成熟的证券市场，私募公司有充分表达意见的权利，通过一些渠道去游说监管部门，表达自己的意愿，追求交易规则的公平，这些都再合理不过。崔军正是这样一批坚定的私募权利捍卫者，然而他所不断发起并逐年升级的行业风潮，也成为行业内外各方的热门话题。

就在崔军逼5家上市银行回购股票后，2012年12月银行股启动行情，浦发、兴业、交行、深发展以及民生等5家银行股票都暴涨了100%左右，崔军的私募基金在当时名列全国私募基金排名前三甲。这样的业绩，再一次证明了崔军投资眼光的精准。

● 振臂一呼还是炒作上瘾？质疑与支持并存

崔军的行动之所以引起关注，除了给人一种"登高一呼"壮举的震撼外，也与崔军本人过往的一些"彪悍"操作有关。

崔军于2007年以"逼宫"基金银丰"封转开"而一战成名。当时，崔军领衔的宝银投资召集持有人大会，以该基金市价较净值高折价为由，逼迫基金实施封转开，甚至提出更换基金管理人的要求。尽管崔军提出的种种要求最终并没有实现，但该基金最终以高比率分红降低了折价，崔军等一众私募也因此获利了结。

2008年，崔军召集多位股东"围攻"赛马实业，提出要进入董事会、建立上海投资部等多项要求，其结局也是各项要求最终落空，但随着市场炒作，宝银投资也由此赚得钵满盆满。

而崔军此后的一次行动则是2011年公开发函反对招行再融资方案，并建议将再融资方案改为向巴菲特增发 H 股。不过，这一次并没有引起市场过多热情。也许是因为该提议看似不切实际，崔军的"振臂一呼"并没有得到多少人的响应。

"从崔军以往的操作看，实际是声东击西，所提要求从未实现，但对二级市场股价却产生了一定影响。"一位不愿透露姓名的私募行业研究员表示，这种联合"逼宫"行为，有炒作的成分。

赞誉的声音也依旧响亮。不管最终结果如何，逼宫 5 家上市破净银行回购或许意味着阳光私募由被动投资到主动参与公司治理的转向。在国外，积极影响上市公司管理的股东被称为"积极股东活动主义者"，一些基金会积极地与所投资的上市公司进行日常沟通，而不是等问题出现才采取行动。

当然，现在对崔军"逼宫"上市银行回购的行动作任何定论还为时尚早。但无论如何，私募界展开种种类似"自救"行动，折射出市场低迷背景下，私募基金的困境与救赎。也许不远的将来，国内阳光私募基金也会像国外对冲基金一样，成为影响上市公司乃至整个资本市场的重要一极。（本篇文章来源于周少杰在《中国证券报》发表的文章。）

概念释义

- **股票回购**：上市公司利用现金等方式，从股票市场上购回本公司发行在外的一定数额的股票的行为。公司在股票回购完成后可以将所回购的股票注销。但在绝大多数情况下，公司将回购的股票作为"库藏股"保留，不再属于发行在外的股票，且不参与每股收益的计算和分配。库藏股日后可移作他用，如发行可转换债券、雇员福利计划等，或在需要资金时将其出售。

- **市净率**：每股股价与每股净资产的比率。市净率可用于投资分析，一般来说市净率较低的股票，投资价值较高，相反，则投资价值较低；但在判断投资价值时还要考虑当时的市场环境以及公司经营情况、盈利能力等因素。

附：陕西创赢投资向 5 家破净银行要求回购自己股票的公开信

为维护股东权利，强烈要求 5 个跌破净资产的商业银行在净资产下回购注销自己的股票，希望所有股东为了大家共同的利益，支持我们，并授权我们提出本计划，只要有 3% 的股东提出本计划就可召开临时股东大会表决回购计划。我们作为股东今天向 5 个商业银行发函如下：

尊敬的吉晓辉董事长：您好！由于最近股市极度低迷，股市经过近 5 年的大跌，现在处于熊市大底之中。浦发银行股价被严重低估，昨天最低价只有 7.41 元，2012 年底浦发银行的净资产预计在 9.6 元左右，现在股价只有 2012 年净资产的 0.77 折，2015 年底浦发银行的净资产预计在 19.45 元左右，现在股价只有 2015 年净资产的 0.38 折，股价被严重低估。

陕西创赢投资理财有限公司作为浦发银行的机构持有者，为维护所有股东的权利代表全体股东强烈提出用银行自有资金在 9.6 元以下回购浦发银行的股票，然后实施注销。这样回购第一可提振股价，第二在净资产下回购股票实施注销可提高每股的净资产和每股收益。毕竟现在浦发银行在 2012 年的动态市盈率只有 3.9 倍。现在是最佳的回购机会。

希望浦发银行董事会尽快研究从二级市场回购浦发银行股票一事，以维护所有中小股东的权利！

陕西创赢投资理财有限公司

董事长：崔军

2012 年 7 月 25 日

尊敬的高建平董事长：您好！由于最近股市极度低迷，股市经过近5年的大跌，现在处于熊市大底之中。兴业银行股价被严重低估，昨天最低价只有11.85元，2012年底兴业银行的净资产预计在13.43元左右，现在股价只有2012年净资产的0.88折，2015年底兴业银行的净资产预计在29.39元左右，现在股价只有2015年净资产的0.40折，股价被严重低估。

陕西创赢投资理财有限公司作为兴业银行的机构持有者，为维护所有股东的权利代表全体股东强烈提出用银行自有资金在13.43元以下回购兴业银行的股票，然后实施注销。这样回购第一可提振股价，第二在净资产下回购股票实施注销可提高每股的净资产和每股收益。毕竟现在兴业银行在2012年的动态市盈率只有3.85倍。现在是最佳的回购机会。

希望兴业银行董事会尽快研究从二级市场回购兴业银行股票一事，以维护所有中小股东的权利！

陕西创赢投资理财有限公司

董事长：崔军

2012年7月25日

尊敬的胡怀邦董事长：

您好！由于最近股市极度低迷，股市经过近5年的大跌，现在处于熊市大底之中。交通银行股价被严重低估，昨天最低价只有4.15元，2012年底交通银行的净资产预计在5.33元左右，现在股价只有2012年净资产的0.77折，2015年底交通银行的净资产预计在9.88元左右，现在股价只有2015年净资产的0.42折，股价被严重低估。

陕西创赢投资理财有限公司作为交通银行的机构持有者，为维护所有股东的权利代表全体股东强烈提出用银行自有资金在5.33元以下回购交通银行的股票，然后实施注销。这样回购第一可提振股价，第二在净资产下回购股票实施注销可提高每股的净资产和每股收益。毕竟现在交通银行在2012年的动态市盈率只有3.99倍。现在是最佳的回购机会。希望交通银行董事会尽快研究从二级市场回购交通银行股票一事，以维护所有中小股东的权利！

陕西创赢投资理财有限公司

董事长：崔军

2012 年 7 月 25 日

尊敬的肖逐宁董事长：

您好！由于最近股市极度低迷，股市经过近 5 年的大跌，现在处于熊市大底之中。深圳发展银行股价被严重低估，昨天最低价只有 14.74 元，2012 年底深圳发展银行的净资产预计在 17 元左右，现在股价只有 2012 年净资产的 0.86 折，2015 年底深圳发展银行的净资产预计在 33.35 元左右，现在股价只有 2015 年净资产的 0.44 折，股价被严重低估。陕西创赢投资理财有限公司作为深圳发展银行的机构持有者，为维护所有股东的权利代表全体股东强烈提出用银行自有资金在 17 元以下回购深圳发展银行的股票，然后实施注销。这样回购第一可提振股价，第二在净资产下回购股票实施注销可提高每股的净资产和每股收益。毕竟现在深圳发展银行在 2012 年的动态市盈率只有 5.5 倍。现在是最佳的回购机会。

希望深圳发展银行董事会尽快研究从二级市场回购深圳发展银行股票一事，以维护所有中小股东的权利！

陕西创赢投资理财有限公司

董事长：崔军

2012 年 7 月 25 日

尊敬的董文标董事长：

您好！由于最近股市极度低迷，股市经过近 5 年的大跌，现在处于熊市大底之中。民生银行股价被严重低估，2012 年底民生银行的净资产预计在 5.92 元左右，2015 年底民生银行的净资产预计在 13.71 元左右，现在股价只有 2015 年净资产的 0.42 折，股价被严重低估。陕西创赢投资理财有限公司作为民生银

行的机构持有者,为维护所有股东的权利代表全体股东强烈提出两点要求:

第一,银行拥有大量黄金地段房产,数量非常大,都是按当年建造或购买的成本做账的,往往按10年、20年、30年前的成本入账的,入账金额非常低。要求按国际惯例重新评估,按公允价值入账,这样银行的资本金就会大幅增加,净资产也会大幅度提升,银行可三年不用向股东伸手融资。

第二,用银行每年净利润的10%,三年内在净资产下择机回购民生银行的股票,然后实施注销。这样回购第一可提振股价,第二在净资产下回购股票实施注销可提高每股的净资产和每股收益。毕竟现在民生银行H股和A股在2012年的动态市盈率只有4.09~4.35倍。现在是最佳的回购机会。我们将召集所有股东同时发函给公司董事会,提出上面两个要求。请董事会做好统计工作,如统计有10%的股东发函,请马上召开临时股东大会,进行网上投票表决以上两个方案。相信所有股东都会支持我们这两个方案的。

希望民生银行董事会尽快召开临时股东大会,讨论我们的两个提议,以维护所有股东的利益!

陕西创赢投资理财有限公司

董事长:崔军

2012年8月1日

对阵华北高速　　再燃资本股权争夺烈火

2013年4月份,一篇题为《上海宝银创赢投资公司给华北高速全体股东的一封公开信》的帖子在网上流传,引起很多人关注。而写这份公开信的人,便是崔军。

在公开信上,崔军对华北高速(华北高速公路股份有限公司)多年来的资金运作效率不高现象表达了强烈不满,并向华北高速发函要求其为华北高速打理该笔巨额资金,希望使这笔资金每年增值30%。他还呼吁中小投资者支持他的方案，争取 10 年后使该笔资金增值到 165 亿元。

上述巨额资金是华北高速于 1999 年上市时募集的资金，资金尚未用完。华北高速首发募资 12.8 亿元，当时募资资金主要投三个项目：一是归还京津塘高速公路世界银行贷款；二是收购现代投资股份有限公司部分股权；三是收购京沈高速北京段 19 年经营权。其中 3.6 亿元已经按计划使用完成前两个项目，但用于第三个项目的 9.2 亿元募集资金却一直"趴在"专户中长达 13 年。

坚持价值投资、不满资产闲置的崔军，又要发起一轮针对巨头上市公司的资本攻坚战。

● 私募自备方案，放言帮其打理

在外人看来，华北高速有着雄厚的背景。它是由华建交通经济开发中心、天津市京津塘高速公路公司、京津塘高速公路北京市公司、河北省公路开发有限公司共同以京津塘高速公路为资产发起，通过公开募集的方式设立的股份有限公司。因其天然的优势，华北高速有着充足的现金流。然而 2010 年以来，业绩却乏善可陈。公司长期低迷的股价以及募集资金的长期闲置已引来投资者的强烈不满，崔军便主动请缨要帮华北高速打理闲置资金。

根据华北高速（000916.SZ）2013 年的一季报，崔军管理的宝银创赢旗下的多数产品重仓其中。周五该股盘中呈低位整理走势，股价早盘小幅低开于 2.93 元，此后低位窄幅盘整，截至 13：58，股价报 2.92 元，跌 0.68%；成交仅 201.3 万元。

华北高速一季报显示，公司一季度实现营收 1.30 亿元，同比减少 9.68%；实现净利润 3 297.90 万元，同比减少 28.77%；基本每股收益 0.03 元。当时，崔军在媒体面前表示，华北高速上市以来，16 亿元的募集资金存在银行无所作为，仅获得年化 0.54% 的收益率，侵犯了股东利益。崔军要求股东联合起来行使股东权利，盘活超募资金。

事实上，崔军旗下有四只基金持有华北高速股票。而华北高速在当时的股价为 2.67 元，只有公司净资产 3.53 元的 7 折左右，他认为华北高速股价被严重低估，每个股东的权利都受到了损害。

"公司账上有 16 亿元左右的现金存在银行，没有为公司带来收益，也严重损害了每个股东的利益。"崔军愿意联合公司所有股东帮助华北高速挣更多的钱。

崔军向华北高速董事会提出三个方案以提高闲置资金收益。第一，用 2 亿元资金为华北高速择机在净资产 3.53 元以下回购华北高速股票，并进行注销，复制宝钢的回购策略。

其二，宝银创赢和华北高速在上海联合成立投资部，宝银创赢负责用公司 12 亿元资金进行投资理财，使公司资金每年增值 30%，10 年后争取使资金增值到 165 亿元。

最后一个方案是：他建议华北高速用另外一些闲散资金购买其管理的优先级基金，每年 10% 以上的收益。

除此之外，崔军还有一个更大胆的想法，"如果有几个联合持股 50% 的大股东愿意一起把股票全部转让给我们，我们和一致行动人将以高于市场 23% 的价格——每股净资产 3.53 元的价格，全部买下这 50% 的股份。"

崔军确实是放出了一个超级大胆的提议，这种气势，前所未有。

● 华北高速现状：手握重金"痴迷"理财产品

对于这些近乎有点疯狂的建议，立即得到华北高速董秘郝继业的回应："崔军 4 月 26 日向华北高速发函，公司于 4 月 30 日（股东大会召开前 10 天）接待了他，但是鉴于崔军持股比例不到 10%，未达到股东提案标准，所以未能在股东大会上进行讨论。"同时，华北高速也对崔军此举的资格提出疑问："崔军目前所持华北高速股份仅在 1% 左右，已不是华北高速大股东。"

而在该笔资金的去向用途方面，郝继业则言语含糊"闲置并非公司的问题，并称目前正在寻找、拓展长期可持续的经营项目"。

在郝继业所说的寻找可持续的经营项目之前，华北高速确实在今年 2 月份将这笔巨资从存银行变成购买银行理财产品。

自2013年以来,从9.2亿元本金到9.9亿元本息,华北高速该笔巨资年化收益率为0.54%,比活期利率还要低。

从2013年2月份开始,公司频频购买理财产品引起投资者关注,先是2月份用9.9亿元闲置募集资金购买光大银行结构性理财产品,同时用自有资金购买了8 000万元结构性存款理财产品。

此后,公司继续发4则公告,募集资金所购理财产品到期后,华北高速选择继续投入购买了其他理财产品。

对于华北高速重金购买理财产品和如此业绩,许多业内人士并不买账。

客观地说,华北高速是一个现金流充裕的企业,从财报上看2011年末货币资金高达16亿元,占总资产近四成,2012年末依然有14亿元现金。但是公司将这笔钱不是存银行就是买理财产品,资金运用效率较差,资本运作能力也欠佳。

尽管账上有这么多现金,但华北高速近年来业绩并不好看,2012年实现净利润2亿元同比降18.32%;2013年一季度净利润3 298万元,同比降了28.77%。作为一家实体企业股权投资者,公司闲置超募资金投资如此多的理财产品,这是不能忍受的,崔军的发难从利益和规则上,都有充分的理由。

在事件随后几年,崔军掌管的华润·创赢1号和华润·创赢2号联手进驻"华北高速"前十大流通股股东,迈出此次战略的第一步。和以往的投资逻辑一样,崔军已与部分机构达成初步合作共识。但鉴于华北高速的雄厚资本实力和股东背景,使得崔军无法撼动大股东,但通过积极的运作和布局,崔军依然取得了阶段性的胜利。在宝银创赢的公开信发出之后,华北高速从最低2.5元最高上涨到10元左右,再一次体现了崔军坚持以四毛买一块的原则和价值投资的魅力。(本文根据相关的媒体报道进行整理。)

概念释义:

■ 超募资金:新股发行开始所谓"市场化"以后,由于新股定价机制的缺陷上市公司募集资金超过投资项目计划实际所计划募集的资金,这种现象称为超募，而超募所得的资金便被称为超额募集资金，简称"超募资金"。

附：上海宝银创赢投资公司给华北高速全体股东的一封公开信

华北高速全体股东：

大家好！我们上海宝银创赢投资有限公司作为华北高速的大股东和机构持有人（我们旗下四个基金都持有大量华北高速的股票），我们认为华北高速现在股票价格2.94元，只有公司净资产3.62元的0.81折，价格严重被低估使每个股东的权利都受到了损害。公司账上有16亿元左右的现金存在银行，没有为公司带来收益严重损害了每个股东的利益。

今年2月1日，华北高速公路股份有限公司通过了使用9.9亿元闲置募集资金购买银行理财产品的决议。该公司公告显示，1999年7月2日于A股市场公开发行募集资金净额为人民币127 645万元，其中35 596.91万元已经按照计划使用完成，但用于建设京沈高速公路北京段的92 048.09万元募集资金却一直"趴在"专户中长达13年。《证券日报》记者粗略计算，从9.2亿元本金到9.9亿元本金加利息，该笔募集资金13年间收益率为8%，年化收益率仅为0.54%，甚至低于当前的活期存款利率。如果用这9.2亿元进行投资每年产生30%的复利收入，我们这9.2亿元将增值到278.645亿元，增值30倍。那公司净资产将达到308.8亿元，每股净资产将达到28.33元。可见投资理财的威力。

虽然16亿元存在银行一年4.45%的利息有7 200万元收入，但10年复利收入才8.8475亿元，还赶不上通胀，但如果16亿元每年30%的复利收入，10年资金将增值到174.4987亿元，公司净资产将达到217.8987亿元，每股净资产将达到20元。增值是4.5%的17.91倍，可见复利的威力。20年将增值到30 449亿元，公司净资产将达到30 528亿元，每股净资产将达到2 800元。30年将增值到

531万亿元。公司净资产将达到 5 310 099 亿元，每股净资产将达到 487 165 元。

我们的目标是联合公司所有股东使华北高速公司挣更多的钱，把华北高速公司打造成中国的伯克希尔·哈撒韦公司。

为维护我们每个股东的权利，我们代为所有股东提出以下三个方案：

第一，用公司 2 亿元资金择机在净资产 3.62 元以下回购股票并进行注销，复制宝钢的回购策略，以维护全体股东的权利。因为本来公司持有 16 亿元现金，以 0.81 折的价格买现金就是非常划算的回购，记得我们去年在 12 元要求兴业银行用 50 亿元购楼款回购股票一事，现在股价已经涨了 50% 多。可见上市公司要懂得资本运作获利是非常巨大的。

第二，上海宝银创赢投资有限公司和华北高速在上海联合成立投资部，上海宝银创赢投资有限公司将负责用公司 12 亿元资金进行投资理财，尽全力使公司资金每年增值 30%，10 年后争取使资金增值到 165 亿元。努力把华北高速公司打造成中国的伯克希尔·哈撒韦公司。

第三，华北高速可用另外一些闲散资金购买在上海宝银创赢投资有限公司管理的优先级基金，这些优先级基金是由劣后级基金实行保本的，每年有 10% 以上的收益。

另外我们还有一个重要的想法，如果有几个联合持股 50% 的大股东愿意一起把股票全部转让给我们，我们和一致行动人将以高于市场 23% 的价格也就是每股净资产 3.62 元的价格全部买下这 50% 的股份。希望有卖出股票想法的大股东尽快与我们联系。

因为现在我们的持股还不到 10%，为了使我们的提议有效，希望所有股东支持我们，为了自己的利益，一起发函给华北高速公司董事会，发函内容如下：

华北高速董事会：本人作为华北高速的股东，为维护自己的权利。特向董事会提出以下三个方案，希望董事会提出并在股东大会上进行网上投票表决：第一，要求用公司 2 亿元资金择机在净资产 3.62 元以下回购华北高速股票并进行注销，复制宝钢的回购策略，以维护全体股东的权利。第二，要求上海宝银创赢投资有限公司和华北高速在上海联合成立投资部，上海宝银创赢投资有限公司将负责用公司 12 亿元资金进行投资理财，尽全力使公司资金每年增值 30%，10 年后争取使资金增值到 165 亿元。努力把华北高速公司打造成中国的伯克希尔·哈撒韦公司。第三，要求华北高速用一些闲散资金购买在上海宝银创赢投资有限公司的优先级基金（这些优先级基金是由劣后级基金实行保本的，每年有 10% 以上的收益）以提高公司的投资收益。

上海宝银创赢投资管理有限公司

董事长：崔军

2013 年 4 月 25 日

中百集团股权之争　　打造中国巴菲特战斗神话

2012 年 10 月，崔军的投资生涯迎来一次重要的节点，那就是他对旗下两家公司的整合升级。

10 月 12 日，崔军成立了上海宝银创赢投资管理有限公司，注册资金 2 000 万元，注入了上海宝银投资咨询有限公司和陕西创赢投资理财有限公司的优质资产。其目的是把该公司打造成中国的伯克希尔·哈撒韦公司，截至 2016 年 8 月 22 日，宝银创赢已在新三板挂牌上市。同时，崔军的愿望是：希望每年为客户获得 30%~50% 的复利收入，10 年后为客户获利 13.78~50 倍的收益，而 20 年后为客户获利 190~2 500 倍的收益。

宝银创赢成立后，在崔军的带领下，推崇巴菲特"深度介入公司管理的实践"，践行稳扎稳打的投资策略，逐渐成为一个管理资产规模巨大、操盘多只产品的阳光私募机构。随着公司的壮大，崔军又开始了新的部署。2012 年接连两封公开信的发表，又吹响了他向上市公司的进攻号角。

● 连续出招，矛头直指中百集团

2012 年下半年，中百集团逐渐进入了他的视野。

10月15日，崔军向中百集团发出一封公开信，向中百集团的股东提出了五点建议。其中，要求公司响应证监会号召，以20元的价格发行2亿优先股，每年给予5%的固定回报，募集资金40亿元，其中20亿元资金用于在10元以下价格择机回购2亿普通股。然后再成立投资部，由中百集团与宝银创赢在上海共同管理，宝银创赢负责用发行优先股剩余的20亿元资金进行投资理财，打造中国的伯克希尔·哈撒韦。他还要求改组董事会。

10月21日，崔军发表出一封公开信，称宝银创赢近日已与中百集团一些重要股东达成共识，目前宝银创赢与这些股东联合持股量已经超过第一大股东，将正式提议改选中百集团董事会。

中百集团是一家以超市、百货为主业的武汉市上市公司，已全流通，截至2012年，中百集团总股本6.81亿股，总市值约为50.50亿元。该年的二季报每股收益0.166元，公司拥有较为充裕的现金流。公司大股东武汉商联（集团）股份有限公司，截至2013年2月19日前，仅持有中百集团股份11.37%，与二股东新光控股集团有限公司持股11.06%相差无几。

崔军研究这家上市公司后发现，二股东尽管持股比例与大股东相差不大，但二股东长期不能进入中百集团董事会。崔军萌生了增持这家公司股票，联合二股东把大股东拉下马的想法。崔军这么想是有依据的。只要自己买入公司股票5%以上，举牌高调进入十大股东之列，未来在股东大会上，就可以联合二股东对公司重大决策发言，甚至否决大股东意见。宝银创赢"有组织、有预谋"地悄悄买入中百集团股票，时间长达近一年。后利用6月份大盘下跌的机会，以5元左右的成本大笔吸纳中百集团股票。经过一段时间的囤积，崔军持有中百集团股票比例已近5%，大约3 000万股多一点。

● 中百集团内情复杂，各方态度冷淡

在当时，中百集团的股权相对分散，前十大股东仅持有总股本的46.77%，其中实际控制人武汉国资委仅持股7.21%。在崔军看来，中百集团的基本面显

然存在改善的可能。崔军认为，宝银创赢可以战略入驻，争取成为第一大股东。中百有1 000家，销售额170亿元，目前只有13亿元净利润。宝银创赢进入董事会后，有把握在无风险的情况下，未来两年净利润可以暴涨4.5倍，那就有58.5亿元，那未来股价自然有很大上升空间。

崔军之所以看中中百集团，另一方面是因为中百集团两大股东之间的公开"矛盾"。2011年，浙江民营企业新光控股发动对中百集团的举牌，至2012年11月，新光控股的持股比例达到10.22%，成为公司单一最大股东，此后持股比例继续提高到11.38%。此后，随着武汉商联（集团）股份有限公司的一系列增持，其重新夺回单一最大股东之位。2013年后，双方围绕派驻董事一事产生争执并将矛盾公开化，作为持股比例超过10%的第二大股东，新光控股最终没能成功派驻一名董事。此事件成为当年的行业热点。

崔军公开信中有提到"已达成共识且能联合超过大股东持股的重要股东"，当时有业内人说是"莫须有"的说法。而从当年第三季度中百集团的股价走势来看，该股已经经历了一波很大的涨幅。从8~10月，中百集团的涨幅已经超过40%。历史总是不嫌重复，崔军一次次发难，都会带来一次该股的股价上扬。

"不知道！"新光控股执行总裁栗玉仕通过媒体表态称"已经看到崔军的公开信，但新光控股没有说要改选董事会，公开信也没有说与新光控股有关系，市场上的一些事情，我们只能说不知道。"

作为第二大股东，派驻董事被否确实让新光控股觉得很委屈，但新光方面和中百集团一直保持着良好的沟通。后经证实，中百集团的高管层确实一直与新光控股保持着较为密切的联系，双方的关系并没有外界想象的那么紧张。在2013年6月中百集团的年度股东大会上，新光控股也全部投了赞成票。

新光控股的董事、战略投资中心常务副总周义盛，也是宝银创赢此前的联系对象，崔军与他也提到了一些想法，包括联手等核心问题，但由于相关事项可能对二级市场股价有所影响，所以公司将谨慎做出决定。

对于上海宝银创赢的公开信，中百集团的反应比较冷淡。当时，集团内部有一些负责人的话,颇耐寻味。"对公司股东的行为不作任何评价。只要是合法的、股东认可的,我们都支持。他们画的'大饼'我们看到了。他增持股份,我们不关心,我们关心的是大股东。公司目前经营状况及未来发展思路,不会有任何改变。"

得到这样的回应,也是有一定情由的,当时业内有传闻,宝银创赢确实买入了部分公司股票,但目前的持股比例还不到5%,公司方面也称此前有过任何联系,公司也无法判断其真实动机。这大概是崔军造势投资以来,遭遇的最冷淡的一次了。

● 武汉商联接招,提高持股比例

事实上,收到风声的中百集团大股东——武汉商联,绝不会轻易被别人夺走大权。他们也在出手,连续几个月频频买入自家股票。公开信息显示,2013年2月20日至2013年9月13日,商联集团通过深圳证券交易所的集中交易系统,合计买入中百集团股票41 367 628股,占中百集团股份总额的6.07%,导致商联集团对中百集团持股比例增至16.24%。2013年9月17日,商联集团通过大宗交易合计买入中百集团股票7 862 172股,占中百集团股份总额的1.16%,至此商联集团对中百集团持股比例增至17.40%。

这种情况下,崔军不得不表态,鉴于目前股价已高,而且中百集团大股东持股比例与二股东差距拉大,宝银创赢不想因为举牌使问题复杂化,所以暂停增持。当他的策略是想与二股东联手,在下次股东大会上提出公司资本运作方案,提升公司业绩,改善公司治理结构。

这场争夺战的结果会怎么样?崔军最担心的是武汉国资委不同意。

崔军的担心不是没有道理的。查公司公告可见,武汉商联(集团)股份有限公司为武汉市国资委通过下属公司实现全资控股的公司。外界想夺取控股地位谈何容易。英大证券研究所所长李大霄表示,股市的初始设计就是平等的,所有投资人按股权说话,因此,资本市场上时常发生控股权之争。一般而言,国资委资金雄厚,只要想控股,完全可以通过增持实现。长远来说,如果大股东不想退出控股地位，也要拿出真金白银说话。

● **最淡然的一次出征，无论胜败都是资本赢家**

宝银创赢的公开信最终未能获得积极反馈，然而这不意味着中百集团的股权争夺战告一段落。宝银创赢静观其变的同时，零售业巨头永辉超市强势介入，于是战争又持续发酵，中百集团不得不在市盈率39倍时高位买进，当日损失2 000万元。相对而言，宝银创赢则获得了不菲的回报。

宝银创赢试图控股中百集团的设想未能如愿实现，然而这一事件为崔军和宝银创赢带来了巨大的影响力，而且崔军也获得了实实在在的收益。所以，从某个层面上来说，崔军算是这场股权争夺战的赢家。

在崔军的投资生涯中，他曾经一次次引发了新闻事件。但如果把他的做法简单归结为"吸引眼球搏出位"，那显然是有失偏颇的。事实上，他投资生涯中引发的一次次新闻事件，很多时候都给他带来了丰厚的利润。向上市公司提要求，就算没成功，也不一定就算输。在一次次强促封转开、围攻上市股权、逼宫银行回购等金融大戏上演之后，我们也有了这样的理性预期，此次崔军针对中百集团的股权争夺战，崔军将依然续写他坚挺不败的神话。（本文部分资料来源于媒体报道）

概念释义

伯克希尔·哈撒韦公司由沃伦·巴菲特（Warren Buffett）创建于1956年，是一家主营保险业务，在其他许多领域也有商业活动的公司。其中最重要的业务是以直接的保险金和再保险金额为基础财产及灾害保险。伯克希尔·哈撒韦公司设有许多分公司，其中包括：GEICO公司，是美国第六大汽车保险公司；General Re公司，是世界上最大的四家再保险公司之一。

2014年12月，伯克希尔·哈撒韦公司已获得在新加坡销售非人寿类保险的牌照，这是伯克希尔·哈撒韦首次在亚洲获得此类牌照。

附：上海宝银创赢投资公司致中百集团全体股东的第一封公开信

中百集团全体股东：

大家好！上海宝银创赢投资有限公司作为中百集团的股东和机构投资者，为了使中百集团公司挣更多的钱，实现全体股东利益最大化，我们呼吁中百集团公司全体股东联合起来，把中百集团公司打造成中国的伯克希尔·哈撒韦公司！

为维护每位股东的权利，我们向全体股东提出以下五点建议：

第一，响应证监会号召，建议以20元的价格发行2亿元优先股，每年给予5%的固定回报，募集资金40亿元。其中20亿元资金用于在10元以下价格择机回购2亿普通股，然后按以下两种方案择一操作：（1）注销回购的2亿普通股，同时2亿股优先股在5年内可选择转为普通股，或者由上市公司原价回购；（2）回购的2亿普通股在未来用于置换优先股，而不是注销（若5年内股价高于20元，2亿股优先股股东必将愿意转为普通股）。因此，上市公司完成回购2亿股普通股，则每股净挣10元，共赚20亿元！在不损害任一股东的权利的同时，公司净资产将增加20亿元，每股净资产将达到7.1366元！

（注：最近有上市公司在二级市场回购股票，这是上市公司对自身发展前景充满信心的表现。证监会支持有条件、有潜力的上市公司回购本公司股份，提振投资者信心。2008年以来我会通过出台上市公司回购股份的补充规定，鼓励以集中竞价交易方式从二级市场回购股份；2012年我会取消了上市公司回购股份的行政审批事项，鼓励上市公司回购股票。目前，一些大盘蓝筹上市公司股票价格接近甚至低于每股净资产，公司希望回购股票，但又担心公司资本或者资金不足，难以操作。今后，对于这类公司，证监会支持其回购普通股的同

时发行优先股。)

第二，成立投资部，由中百集团与上海宝银创赢投资有限公司在上海共同管理。上海宝银创赢投资有限公司负责用发行优先股剩余的 20 亿元资金进行投资理财，收购一些价值低估的公司，坚持以 0.4 元买 1 元的资产的策略，公司资金将无风险地每年增值 30%！5 年后，资金将增值到 74 亿元！10 年后，资金将增值到 276 亿元！20 年后，资金将增值到 3 801 亿元！30 年后，资金将增值到 52 400 亿元！我们致力于把中百集团公司打造成中国的伯克希尔·哈撒韦公司；中百集团股价将像伯克希尔·哈撒韦公司一样 47 年上涨 1.2 万倍；中百集团必将成为中国的伯克希尔·哈撒韦与中国的沃尔玛的结合体！

第三，营业收入统一管理，提高公司每年约 170 亿元营业收入的资金回报率。公司每天的收入为 4 657 万元，如果集中资金操作 1~7 日的无风险的国债回购，利息可以达到 4%~5%；如果做 30 天的国债回购，理论上每年可为公司增加 0.5666 亿元的利息收入；如果做 60 天的国债回购，理论上每年可为公司增加 1.1332 亿元的利息收入。因此，公司业绩一年后将出现 50% 以上大幅增长，股东权利必将充分实现！

第四，实现公司账面 14 亿元现金的稳定增值。我们将运用债券、转债和股票的投资组合为上述现金带来无风险的超额投资收益，使公司业绩每年高速增长 30%~100%，扭转公司业绩倒退，损害股东利益的现状。未来两年，我们将竭力为中百集团获取最大的投资收益！

第五，改选董事会。现中百集团董事会成员共 13 名，控股股东及一致行动人仅持有 18.71% 的股份却占据董事会多数席位长期把控董事会，而另外 81.29% 的流通股份的股东却被董事会拒之门外利益却得不到维护。所以我们提议 81.29% 的流通股东共同选举 7 位董事进入董事会，参与公司管理，以保障上述四点建议的顺利实施。我们要求召开股东大会，删除中百集团《公司章程》中第一百零二条第一款规定"董事在任期届满以前，股东大会不能无故解除其职务"。

现在我们的持股不足 10%，为了使我们的提议有效，呼吁全体股东支持我们，尽快与我司联系，为了我们共同的利益，授权我公司实施以上提案！

上海宝银创赢投资管理有限公司

董事长：崔军

2013 年 10 月 15 日

附：上海宝银创赢投资公司致中百集团全体股东的第二封公开信

中百集团全体股东：大家好！上海宝银创赢投资有限公司作为中百集团的股东和机构投资者，近日已与中百集团一些重要股东达成共识，鉴于我们联合持股量已经超过第一大股东，我们将联合入主中百集团董事会！进入董事会后，我们将保留公司高管原职位，并在中百集团每年业绩增长超过 30% 或者 2016 年利润增长超过 4.13 亿元（2013 年利润按 1.88 亿元、未来三年按每年 30% 复利增计算）的情况下给予高管股权激励，有贡献的员工同样享受股权激励！我们入主董事会的唯一目的是为了维护另外 81.29% 流通股的股东权益，使中百集团摆脱国企的控制，并顺利实施中百集团在 10 元回购股票等 5 点建议！最终，我们将把中百集团公司打造成中国的伯克希尔·哈撒韦公司！47 年上涨 1.2 万倍！而我们不进入董事会，中百集团则永无成为中国的伯克希尔·哈撒韦公司之日！

我们即将提起召开临时股东大会，提交 7 名新董事成员名单，同时保留第一大股东和公司管理层的 6 名董事成员席位。新董事会将成为真正的所有股东的董事会，结束大股东把控董事会的局面。我们进入董事会后还能解决大股东的同业竞争问题，使大股东的三个关联公司摆脱不能融资的困境；我们的入主还将使中百集团的总市值从 33.0966 亿元增加到 50.74 亿元，市值增幅达 53.3%！每个股东的利益得到维护的同时，国有资产也得到了增值！

希望所有股东支持我们，在网上投票时持股超过 66.67% 的股东投赞成票，我们才能进入董事会、修改公司章程。为了全体股东自己的利益，请投下您宝贵的一票！非常感谢能得到所有股东的支持！

上海宝银创赢投资管理有限公司

董事长：崔军

2013年10月22日

附：上海宝银创赢投资公司致中百集团全体股东的第三封公开信

中百集团全体股东：

大家好！上海宝银创赢投资有限公司作为中百集团的股东和机构投资者，自发出两封致中百集团全体股东公开信以来，得到很多股东的大力支持，我们即将联手三大股东联合提出召开临时股东大会，修改公司章程，因为大股东修改后的公司章程中对我们81.29%的股东进入董事会设置了重重障碍。为保证新提名的7位新董事能顺利进董事会必须先扫清障碍，我们作为另外81.29%的股东代表才能顺利进董事会，才能保障我们10元回购普通股等5个利好所有股东的方案能顺利实施。希望所有股东加快授权我公司实施以上提案！

今天向中百集团所有股东发出第三封公开信，要求中百集团修改公司章程，共同把中百集团公司打造成中国的伯克希尔·哈撒韦公司！根据《公司法》、中国证监会关于《上市公司治理准则》、《上市公司股东大会规范意见》以及《深圳证券交易所上市规则》等法律法规和规范性文件的要求，结合公司实际，建议《公司章程》作如下修改：

1. 第三十八条修改为：通过证券交易所的证券交易单独或合并持有公司股份达到10%或达到10%后增持公司股份的股东，应在达到或增持后3日内向公司披露其持有公司10%股份或后续的增持股份计划。

2. 第八十条修改为：下列事项由股东大会以普通决议通过：

（一）董事会和监事会的工作报告；

（二）董事会拟订的利润分配方案和弥补亏损方案；

（三）董事会和监事会成员的任免及其报酬和支付方法；

（四）公司年度预算方案、决算方案；

（五）公司年度报告；

（六）股权激励计划；

（七）除法律、行政法规规定或者本章程规定应当以特别决议通过以外的其他事项。

3. 删除第八十一条（五）股权激励计划。

4. 第八十六条修改为：董事、监事候选人以提案的方式提请股东大会表决。

因董事会换届改选或其他原因需更换、增补董事时，公司董事会、单独或合并持有公司发行股份3%以上的股东，可提出董事候选人。

因监事会换届改选或其他原因需更换、增补应由股东大会选举的监事时，监事会单独或合并持有公司发行股份3%以上的股东，可提出监事候选人。

5. 第八十六条修改为：董事、监事候选人以提案的方式提请股东大会表决。

因董事会换届改选或其他原因需更换、增补董事时，单独或合并持有公司发行股份3%以上的股东，可提出董事候选人。

因监事会换届改选或其他原因需更换、增补应由股东大会选举的监事时，单独或合并持有公司发行股份3%以上的股东，可提出监事候选人。

董事会应当向股东公告候选董事、监事的简历和基本情况。董事、监事候选人应在股东大会召开之前作出书面承诺，同意接受提名，承诺公开披露的董事、监事候选人的资料真实、完整并保证当选后切实履行职责。

6. 第八十七条修改为：董事会换届、改选董事（包括免职、增补、更换等情形）时，单独或合并持有公司发行股份3%以上至10%以下的股东提名的董事候选人不得超过董事会人数的1/3；单独或合并持有公司发行股份10%以上的股东提名的董事候选人不得超过董事会人数的 2/3。

7. 第八十八条修改为：董事、监事候选人名单以提案的方式提请股东大会表决。

股东大会就选举董事、监事进行表决时，实行累积投票制。前款所称累积投票制是指股东大会选举董事或者监事时，每一股份拥有与应选董事或者监事人数相同的表决权，股东拥有的表决权可以集中使用。董事会应当向股东公告候选董事、监事的简历和基本情况。

8. 第一百零二条第一款修改为：董事由股东大会选举或更换，任期三年。董事任期届满，可连选连任。

9. 第一百一十九条修改为：董事长和副董事长由董事会以全体董事的过半数选举产生。

希望所有股东支持我们，修改公司章程维护全体股东的权益！

上海宝银创赢投资管理有限公司

董事长：崔军

2013 年 10 月 29 日

光大银行破净已久　提出优先股解困建议

2014 年 5 月 5 日，在伯克希尔·哈撒韦公司年度股东大会上，巴菲特侃侃而谈之际，崔军又向一家上市公司提出了优先股方案。不过这次没有以往的锋芒毕露，也没有公开信和回应的舆论较量，仅仅是基于专业立场并针对银行危机的意见建议。他建议的对象是巨无霸——光大银行（601818）。

这一天，光大银行收盘涨 0.41%，收 2.46 元/股，而 2013 年年报显示，每股净资产是 3.3 元。一瞬之间，光大银行的二级市场价格，竟然低于每股净资产多达 25.5%。

● 破净传闻已久，光大进退维谷

在 2013 年，光大银行便风波不断。先是光大证券爆出"乌龙交易"事件，继而光大银行再遭遇乌龙。有财经类媒体报道称该行"已经向监管机构申请特批，希望可以以低于 1 倍 PB 的价格进行 H 股的 IPO。"光大银行总行通过其官方网站和微博发布声明，指该报道"内容与事实严重不符"，并称"我行 H 股 IPO 在正常推进中。对于未来发行定价，我行将严格遵守相关法律法规规定及监管要求，注重维护新老股东利益，按照市场化原则确定科学合理的 H 股发行价格。"

众所周知，光大银行的 H 股 IPO 计划一再搁浅，最主要的原因就是发行价格。现在看来，该行 2011 年首次提出 H 股 IPO 计划时，正是该行最佳上市时机，可惜当时光大银行管理层与香港市场的投资者对该行估值和发行价分歧严重，且均不愿妥协，最终导致 H 股 IPO 计划最终延期，错失绝佳的上市时机。此后 2 年，尽管市场屡屡传出光大有意自降发行价以满足投资者要求的信号，但该行始终未予证实，而近 2 年来香港市场低迷，中资银行股股价普遍低于每股净资产，也让光大银行 2012 年不得不宣布暂停 H 股 IPO 计划。

2013 年 1 季度，随着市场环境出现转机，光大银行再次宣布重启 H 股 IPO 计划，并获得银监会的批复同意，但考虑到资本市场对银行股再融资的恐惧，光大银行迟迟没有获得证监会的正式批复。

光大银行正面临进退两难的局面，一边是风险来袭，一边是民营军团追赶加速，兴业、民生、平安等虎视眈眈。2013 年，净利润增长 13.27%，同比大幅下滑。而其二级市场价格，从 2013 年 5 月开始，就已经跌破了每股净资产（以 2013 年年末为准）。

资产增速放缓，战略亮点尚不明晰，在经济下行和利率市场化的双重冲击之下，业绩增长或将放缓。当时有机构预计，2014~2015 年净利润增速将为 12% 和 10%。

受同业监管趋严、存款脱媒及资金市场流动性紧张的多重影响，光大银行于 2013 年第四季度出现量价双降，同业资产环降 10%，债券投资环降 5%，净息差环降 0.5bp。拨备计提压力较大：受经济下行影响，光大银行在 2013 年第四季度不良率（+4bp）和不良额（+7%）均出现环比上升，2013 年不良额增长 32% 而信用成本率却较 2012 年下降 5bp 至 0.61%，拨备覆盖率较年初大幅下降 99pc 至 241%，拨贷比较年初大幅下降 45bp 至 2.07%。为达到拨贷比监管要求，预计 2014 年拨备计提压力依然较大。

在这样的情况下，光大银行的资本充足率显然备受考验。更重要的是，光大银行在同行业内，业务创新上相对谨慎，战略亮点相对并不明晰。

● 崔军提优先股方案，市场事情市场办

市场证明，转危为机是资本运作专家的专长。在商业银行优先股办法出台前，多数银行都跃跃欲试，显然是看中了利用优先股补充资本，从而达到加杠杆的目的。

"对于管理层认为立足长远的方案，由于优先股成本较高（7% 年股息率），具体实施又要受制于监管层、宏观经济的走势，普通投资者并不感冒。"

崔军提出的方案，是以资本市场的手段，来推动二级市场出现的价格低估。

"贵行可以以非公开发行方式，发行在触发事件发生时可强制转换为普通股的优先股 400 亿元，对于以上优先股股东可每年支付 7% 的股息。用发行优先股所募集资金中的 200 亿元回购普通股并予以注销，另外 200 亿元用于补充资本金，同时制定回购股票的价格上限。

例如，回购股票的价格上限为净资产 3.5 元，在 3.5 元以下回购，同时设定强制转股价格为 7 元，触发事件为当股价涨到强制转股价 7 元 × 1.3 达到 9.1 元时，强制所有优先股东全部以 7 元的价格转为普通股。该方案实施后将会为光大银行在未来的几年完成 200 多亿元的无风险套利，白挣 200 多亿元，其结果是所有股东都达到共赢。"

● 关键看点：估值回归，期待恢复性上涨

崔军的优先股方案，即便只有部分被采纳，也将大大提振市场对于优先股的信心。不难看出，这个方案的关键点在于，股价出现恢复性上涨。

让崔军有如此抱负的，在于他对银行的信心。崔军从不掩饰自己对银行股的喜爱，在 2012 年大盘低迷之际，就曾经提出"大盘蓝筹首推银行股"的观点，随后的 12 月，以民生银行（600016）、兴业银行（601166）为先锋，四大行为主力的上涨趋势形成。在崔军看来，从价值投资的角度来评估，银行股绝对被低估了。

"以每年业绩回报率 29% 来推算，以上方案中所回购的 200 亿元普通股每年能产生 58 亿元的收入，这足以满足支付给优先股东每年 28 亿元的优先股股息，并且所回购的 200 亿元股票的净资产在 3~5 年后肯定会增至 400 亿元。"
（以上文章整合于《投资快报》记者曹洁撰写的报道）

概念释义

- **破净**：是股价跌破净资产值。净资产是资产负债表中的总资产减去全部债务后的余额。破净，需要看市场的趋势，以及破净的幅度及破净的上市公司家数。破净幅度小，仅是个别现象，并不能说明什么，如果上市公司行业和经营不佳，股价跌破净资产后，由于经营不善，净资产会大幅因亏损而下降，仍不视为买入机会。对投资者而言，其中因果关系则要依具体公司的基本面和市场大势而定。

附：上海宝银创赢董事长崔军向光大银行、浦发银行等 16 家上市银行董事会提出关于发行优先股方案的强烈建议

尊敬的光大银行董事长唐双宁先生：

您好！我公司是上海的一家私募基金，对贵行发行优先股提出一些建

议，这些建议应该会使所有的股东达到共赢，希望贵行能引起重视并采用，谢谢！

  对《光大银行发行优先股》的建议：依据中国银监会、中国证监会于 2014 年 4 月 18 日所颁布的关于商业银行发行优先股补充一级资本的指导意见，贵行可以以非公开发行方式发行在触发事件发生时可强制转换为普通股的优先股 400 亿元，对于以上优先股股东可每年支付 7% 的股息。用发行优先股所募集资金中的 200 亿元回购普通股并予以注销，另外 200 亿元用于补充资本金，同时制定回购股票的价格上限。例如回购股票的价格上限为净资产 3.5 元，在 3.5 元以下回购，同时设定强制转股价格为 7 元，触发事件为当股价涨到强制转股价 7 元 × 1.3 达到 9.1 元时，强制所有优先股东全部以 7 元的价格转为普通股。该方案实施后将会为光大银行在未来的几年完成 200 多亿元的无风险套利，白挣 200 多亿元，其结果是所有股东都达到共赢。

  目前中国资本市场环境是非常有利于实施以上方案的。现在银行股总体估值处于近 20 年来的最低位，光大银行股价只有 2.45 元，只有净资产的 0.7 折，只有 3.4 倍的市盈率，从价值投资的角度来评估，是绝对被低估了，以每年业绩回报率 29% 来推算，以上方案中所回购的 200 亿元普通股每年能产生 58 亿元的收入，这足以满足支付给优先股东每年 28 亿元的优先股股息，并且所回购的 200 亿元股票的净资产在 3~5 年后肯定会增至 400 亿元。

  现在回购股票并进行注销将会使所有股东共赢，此机会千载难逢！强烈建议其他 15 家银行也采取我们这种优先股方案：一半资金回购股票并予以注销，一半资金补充资本金，股价涨高后强制优先股转成普通股，上市银行就可进行这种无风险回购股票套利，希望 16 家上市银行引起重视为盼。

上海宝银创赢投资管理有限公司

董事长：崔军

2014 年 4 月 29 日

交行高层集体自购　再献回购和优先股妙策

2014年5月中旬，继光大银行陷入破净危机后，又一家上市银行爆出重大消息，交通银行（601328）发公告称该行13位董事和高级管理人员近日以自有资金从二级市场购入本公司A股股票56.31万股，此举成为国内上市银行高管首次集体从二级市场自费购买公司股票。

消息一出，业界哗然。崔军再次发出公开信，强烈建议交通银行等16家上市银行董事会发行优先股方案，称回购"折价"银行股，回报价值显而易见。

对交通银行为代表的16家上市银行的公开建议，比之此前对光大银行的建议更正式、全面、具体。细读此案，从中可以窥见这位传奇私募大佬对待复杂资本市场的睿智分析与果敢决策。

● 交行高管集体自购股票，历史首创

2014年5月15日，交通银行发布公告称，该行13位董事和高级管理人员分别于2014年5月13日和14日以自有资金从二级市场购入本公司A股股票，合计56.31万股。此举系国内上市银行高管首次集体从二级市场购买自家股票。根据公告，本次成交价格区间为每股人民币3.75~3.77元。包括董事长、执行董事牛锡明，副董事长、执行董事、行长彭纯，候任监事长宋曙光等在内的13名交行董事和高级管理人员合计买入该行股票56.31万股，其中董事长牛锡明买入最多，为10.6万股，其他高管最少买入2.91万股。买入股份高管自愿承诺所持股份自买入之日起锁定3年。对于高管二级市场买入自家股票的行为，在上市银行中还是首例。为此，各界都有解读。当时的交通银行首席经济学家连平表示，这是高管的个人行为，是基于对交行业务持续稳健增长的良好预期。此前证监会曾表态，鼓励并支持破净公司回购普通股股份，而银行股

股价长期偏低，破净的银行股已不在少数。连平认为，银行股已具备长期投资价值。

● 向15家上市银行发公开信，回购并发行1 000亿优先股

在交通银行发布消息公告时，崔军第一时间对公告作出反应，以一贯以来的公开信形式表达了自己的建议。他的公开信同时向交通银行等16家上市银行董事会发出，主要的内容就是建议发行优先股方案。

在信中，崔军表示，对于交通银行高管近日在低位回购股票表示强烈支持，"非常有眼光，这也符合巴菲特的价值投资思想，相当于以0.4元的价格买1元的股票。"同时，崔军也算了一笔账：交通银行在当时的市价3.77元，只有净资产5.92元的0.63折。4.55元参与定增的财政部和社保基金及汇丰银行账面都亏损了17%。他进而表示，交通银行股价现已绝对低估，为提振股价，"再次对贵行发行优先股提出强烈建议，这些建议应该会使所有的股东达到共赢，希望贵行能引起重视并采用。"

崔军在公开信中表示如下："依据中国银监会、中国证监会于2014年4月18日所颁布的关于商业银行发行优先股补充一级资本的指导意见，建议贵行以非公开发行方式发行在触发事件发生时可强制转换为普通股的优先股1 000亿元，对于以上优先股可每年支付7%的股息。用发行优先股所募集资金中的500亿元回购普通股并予以注销，另外500亿元用于补充资本金，同时制定回购股票的价格上限。例如回购股票的价格上限可定为净资产6元左右，3.77元涨60%才涨到6元，有足够的买入机会。同时设定强制转股价格为12元，触发事件为当股价涨到15元以上时强制所有优先股东全部以12元的价格转为普通股。该方案实施后将会为交通银行在未来的5年内完成500多亿元的无风险套利，白挣500多亿元，因为交通银行5年后净资产预计达到12元，只要5年内出现牛市，其价格将肯定涨到15元以上，这时优先股强制转为普通股，增加了交通银行的资本充足率，上市公司全体股东又获利巨大，其结果是所有股东都达到共赢。"

在崔军看来，当时的中国资本市场环境非常有利于实施以上方案。而当时的银行股总体估值处于近 20 年来的最低位，交通银行只有 3.77 倍的市盈率，从价值投资的角度来评估，是绝对被低估了，以每年业绩回报率的 26.5% 来推算，以上方案中所回购的 500 亿元普通股每年能产生 132.6 亿元的收入，这足以满足支付给优先股东每年 70 亿元的优先股股息，并且回购的 500 亿元股票的净资产在 5 年后肯定会增至 1 000 亿元以上。

此外，崔军对其他 16 家银行的建议，也是先采取这种优先股方案：一半资金回购股票并予以注销，一半资金补充资本金，股价涨高后强制优先股转成普通股，上市银行由此进行这种无风险回购股票套利。

● 回应有冷有热，难挽银行股破净大趋势

早在当年 4 月份，崔军便以公开信方式"逼宫"银行回购，给光大银行、浦发银行等 16 家上市银行董事会提出了关于发行优先股方案的强烈建议。崔军得到的回应是：无论是否发行优先股，短期内银行都很难实施回购。因为，与其他上市公司不同，银行受到资本充足率的硬约束，目前正是银行缺资本的时候，不可能减少资本用于回购。

面对这些冷淡回应，崔军很是无奈：（他们）没看懂我的策略，股价上涨马上转成普通股，不增加充足率了吗？在崔军看来，中国不少银行行长并不懂资本运作，至少在玩股票方面亏得一塌糊涂。不过也有部分银行还是对他的建议表示了强烈兴趣，其中一家不大的股份制商业银行，已经派上海分公司的人员代表到宝银创赢具体商谈优先股方案。

截至 2013 年底，A 股市场上的 16 家上市银行中已经有 13 家破净（按已披露年报银行的每股净资产数据计算），进入 2014 年一季度，仅有两家银行的股价苦撑在每股净资产价格之上，多数时间里，其余 14 家银行的股价均低于每股净资产。从市盈率方面来看，目前上市银行的市盈率多在 4~7 倍，且其中的 10 家不足 4.5 倍。可以说，当时的银行板块估值已降至历史最低水平。

数据显示，上市银行平均股息率达到 4.98%，高于 5 年期定期存款利率，

在各行业中遥遥领先。值得关注的是，工、农、中、建四大行 2013 年末股息率均超过 7%；交通银行、光大银行、浦发银行、招商银行股息率也在 6% 以上。

事实上，银行股的长远未来终究要由宏观历史背景的转型和社会经济结构的转变来决定。而崔军所建议的是基于当下情形的操作性行为，历史和时间也会给他的建议做最有力的证明。（本文根据相关的媒体报道进行整理）

概念释义

■ 优先股：是相对于普通股而言的。主要指在利润分红及剩余财产分配的权利方面，优先于普通股。优先股股东没有选举及被选举权，一般来说对公司的经营没有参与权，优先股股东不能退股，只能通过优先股的赎回条款被公司赎回，但是能稳定分红的股份。

附：上海宝银创赢董事长崔军向交通银行等 16 家上市银行董事会提出关于发行优先股方案的第二次强烈建议

尊敬的交通银行董事长牛锡明先生：您好！我公司是上海的一家私募基金，看到交通银行昨日公告，包括董事长牛锡明等在内的 13 位董事和高级管理人员，分别于周二（13 日）和周三（14 日）以自有资金从二级市场购入该行 A 股股票，合计 56.31 万股。本次高管购股的成交价格区间为每股 3.75~3.77 元。这也是国内上市银行高管首次集体从二级市场自费购买公司股票。对于贵行高管在低位回购股票表示强烈支持，贵行高管都非常有眼光，这也符合巴菲特的价值投资思想，以 0.4 元的价格买 1 元的股票。交通银行现在市价 3.77 元只有净资产 5.92 元的 0.63 折。4.55 元参与定增的财政部和社保基金及汇丰银行账面都亏损了 17%。

交通银行股价现已绝对低估，为提振股价。我们再次对贵行发行优先股提出以下强烈建议，这些建议应该会使所有的股东达到共赢，希望贵行能引起重视并采用，谢谢！

依据中国银监会、中国证监会于 2014 年 4 月 18 日所颁布的关于商业银行发行优先股补充一级资本的指导意见，建议贵行以非公开发行方式发行在触发事件发生时可强制转换为普通股的优先股 1 000 亿元，对于以上优先股可每年支付 7% 的股息。用发行优先股所募集资金中的 500 亿元回购普通股并予以注销，另外 500 亿元用于补充资本金，同时制定回购股票的价格上限。例如回购股票的价格上限可定为净资产 6 元左右，3.77 元涨 60% 才涨到 6 元，有足够的买入机会。同时设定强制转股价格为 12 元，触发事件为当股价涨到 15 元以上时强制所有优先股东全部以 12 元的价格转为普通股。该方案实施后将会为交通银行在未来的 5 年内完成 500 多亿元的无风险套利，白挣 500 多亿元，因为交通银行 5 年后净资产预计达到 12 元，只要 5 年内来个牛市，其价格将肯定涨到 15 元以上，这时优先股强制转为普通股，增加了交通银行的资本充足率，上市公司全体股东又获利巨大，其结果是所有股东都达到共赢。

目前，中国资本市场环境是非常有利于实施以上方案的。现在银行股总体估值处于近 20 年来的最低位，交通银行只有 3.77 倍的市盈率，从价值投资的角度来评估，是绝对被低估了，以每年业绩回报率 26.5% 来推算，以上方案中所回购的 500 亿元普通股每年能产生 132.6 亿元的收入，这足以满足支付给优先股东每年 70 亿元的优先股股息，并且所回购的 500 亿元股票的净资产在 5 年后肯定会增至 1 000 亿元以上。

2014 年 5 月 3 日我参加了伯克希尔·哈撒韦公司的股东大会，股东大会上巴菲特先生分析美国股市表现强劲的原因是美国一直实行的是零利率，而且会一直实行下去。所以我们也强烈呼吁中国政府能降低银行存款利息及降低银行准备金，为中国股市进入牛市提供基础。

我们在 5 月 5 日还前往了伯克希尔·哈撒韦公司并向巴菲特推荐了中国的股票，巴菲特表示非常看好中国，现在银行进行回购普通股票并进行注销将会使所有股东共赢，此机会千载难逢！上次我们发出强烈建议信后已经得到一些银行的重视，有些银行已经派代表到我公司商谈优先股的方案。我们再次强烈建议其他 15 家银行采取我们这种优先股方案：一半资金回购股票并予以注销，一半资金补充资本金，股价涨高后强制优先股转成普通股，上市银行就可进行这种无风险回购股票套利，希望 16 家上市银行对我们的回购股票方案高度重视。如果引入优先股回购普通股的上市银行我们还将向巴菲特先生强烈推荐。

上海宝银创赢投资管理有限公司

董事长：崔军

2014 年 5 月 15 日

2015 年度最大资本拉锯战　问鼎新华百货股权

2015 年 6~7 月，A 股发生历史罕见的大震荡，此前 9 连阳的股市在 6 月底接连蹉跌，发生了每天开盘下跌 200 点乃至跌停的惨状，造成了中国股票市场一段时期内的大恐慌，成为 2015 年中国证券市场最惊心动魄的事件。

就在 A 股持续下跌之际，崔军认为是一个好机会，他以私募大佬的灵敏嗅觉，在这个被低估的阶段不断吸筹；那些资本雄厚而业绩欠佳的公司，是他"四毛买一块"的最佳标的。借此，他在资本市场中展开理想蓝图。从 2015 年 4 月起，崔军与新华百货的故事，开始正式上演。

从 2008 年崔军的宝银基金伏击赛马实业以来，私募利用股权进入上市公司，已不再是新闻。而 2015 年的这一场拉锯战，仍旧吸引着许多人的眼球，在众人的眼中，崔军是要将新华百货转型成类似巴菲特的伯克希尔·哈撒韦公司的"私募野心家"，而另一方则是顽强高傲的新华百货管理层及其大股东们。双方在较量中，多次举牌，反复提议，来回交锋，成为私募界颇具看点的经典案例。

● A 股大跌趋势入手，新华百货股东大会三提议通过

回顾 2015 年 6~9 月这 3 个月的中国证券市场，A 股在经历了 6 月高点之

后又迅速迎来了两波快速下跌，在3个月不到的时间里累计下跌达45%，调整幅度之大、速度之快在A股历史中罕见。9月1日以来，A股没有迎来市场期望的开门红，反而出现了大规模杀跌，千股跌停的场面再次出现，让投资者的微弱信心再度摇摇欲坠。

然而，就在市场信心濒于崩溃之际，产业资本却频频出手，并购重组、举牌的股票明显增多，其中尤以崔军控制的宝银创赢、兆赢投资旗下基金持续增持新华百货股份一事最为亮眼。

相隔仅数个交易日，对新华百货"情有独钟"的崔军又出手了。2015年9月14日，新华百货在午间公告中披露，崔军创立的宝银创赢等账户第六次举牌，持股比例达30%。受此带动，新华百货股价下午开盘后直冲涨停板。

新华百货于9月15日午间公告称，公司接到股东宝银创赢及其一致行动人兆赢投资的通知，截至9月14日，宝银创赢通过旗下基金"上海宝银创赢最具巴菲特潜力对冲基金3期"账户斥资3.01亿元增持新华百货1 128.16万股，交易均价26.72元每股。由此，宝银创赢及兆赢投资通过旗下基金共持有新华百货股票6 768.95万股，占总股本的30%。同时还称将于10月8日上午召开2015年第三次临时股东大会。

这已经是崔军第六次举牌新华百货。方法与此前数次相同，通过宝银创赢、兆赢投资增持新华百货，其持股比例也由9月12日公告的28.8%骤然上升至30%。相比新华百货第一大股东物美控股及其一致行动人所拥有的30.76%股权，差距缩小至不到1%，物美控股的大股东地位已岌岌可危。

9月17日，新华百货再度宣告停牌（第三次），事由是公司正在筹划重大事项（可能涉及重大资产重组）。此举被业界视为危机中的大股东"物美系"面对崔军进逼的否缓兵之计。

事实上，早在5月底新华百货曾抛出10亿定增案，新华百货拟以17.66元/股的发行价格，向公司控股股东物美控股集团有限公司、宝银创赢、兆赢投资共计3名投资者非公开发行不超过5 663万股。大股东物美控股认购九成股份，希望通过此举与举牌方拉开差距，化解被私募夺权的危机。但这一定增还只停留在证监会受理阶段，而与之对比，私募大佬崔军及其一致行动人闪电式的增持手法，在速度上已经完胜。

虽然此次增持并未使新华百货控股股东及实际控制人发生变化，考虑到A股市场当前的氛围，崔军的行动力着实令人震惊。显而易见，其凶猛增持的目的直指新华百货实际控制人的宝座。

自从崔军在2015年4月宣布举牌新华百货以来，曾提议过两次召开临时股东大会，但都被新华百货董事会否决，然而就在其30%所持股份与目前第一大股东物美控股30.76%的股份一步之遥的时候，物美控股终于同意了其第三次召开临时股东大会的提议。

六次举牌，步步紧逼，崔军经过不懈的努力，争取到了股东大会的召开，他获得了重拳出击的好机会。

● 重拳出击13项强势议案，6名董事全轮换

从2015年8~9月中旬，历时一个多月，私募人士崔军提请召开新华百货临时股东大会的提案终获通过。

2015年9月16日上午9时，新华百货监事会会议在公司老大楼七层会议室召开，会议应到监事5人，实到5人，其中1人通过通讯方式表决。会议审议通过了公司股东宝银创赢及兆赢投资提请的关于召开2015年第三次临时股东大会的提议，表决结果为5票同意。决议在9月17日新华百货晚间公告向社会公布。

会议审议议案共13项，与崔军早前提出的议案一致。其中，第一项议案为，提议宝银创赢、兆赢投资与新华百货共同出资设立伯克希尔控股有限公司，注册资金10亿元注册地暂定为上海，经营范围暂定为"股权投资管理、投资管理、实业投资等"，拟注册资金10亿元，由宝银创赢及兆赢投资合计出资5.1亿元，新华百货出资4.9亿元。

余下12项议案涉及解除当前董事会6名董事职务，包括郭涂伟、乔红兵、曲奎、邓军、梁庆和张凤琴；另外提请增选崔军、王敏、邹小丽、朱文君、王

双双和张舒超为新华百货董事会董事，上述6名董事候选人，均在宝银创赢或兆赢投资任职。

崔军做出这些议案的理由是："基于目前新华百货业务遭遇电子商务的强烈冲击，百货业亏损，造成公司业绩负增长，以及董事会存在损害公司利益和侵害中小股东权益的情况，当前公司董事不能胜任董事职务。为提升公司业绩，实现快速增长，推动公司业绩每年达到较高的复利增长的目标，提议解除现任董事。新的董事候选人将能够作为公司管理层的新鲜血液，快速提高公司产业投资的能力，增加公司的盈利能力。"

根据新华百货《公司章程》及《股东大会议事规则》等规定，在董事会不同意召开临时股东大会，或者在收到请求后10日内未作出反馈的情况下，宝银创赢及兆赢投资有权向监事会提议召开临时股东大会并提出提案。而在9月15日，崔军方面更是表示，如果监事会也拒绝召开股东大会，其将自行在上海召开新华百货临时股东大会，审议上述改选董事及共同出资设立企业事项。

新华百货监事会在9月中旬，突然放行召开股东大会事宜，再结合新华百货近日（9月17日）临时停牌筹划重大事项。令举牌方与上市公司之间的关系将如何演变显得扑朔迷离。

崔军的这轮出击不可谓不沉重，然而如此大的人马替换，确实是史上罕见，崔军和整个业界都在等待新华百货的回应。

● 方案遭否定，三季报距离控股只差1%

2015年10月8日，新华百货2015年第三次临时股东大会召开，崔军提出的"想把新华百货打造成中国伯克希尔公司"及更换董事的13项方案全部被否决。

面对这样的结果，崔军沉闷了一时，面对媒体也未置言论，"敏感时期，有关新华百货的任何问题都不能谈。"虽然方案被否，但从崔军谨慎又决绝的态度看，这场股权之争绝不会就此了结。

10月16日，新华百货发布未经审计的三季报，在前十大流通股股东中，物美控股以占总流通股本33.64%的持股比例占据控股股东位置，宝银创赢和兆赢投资旗下的4只基金，以占总流通股本32.64%的持股比例为公司第二大股东，与物美控股持股比例只差1%。在第三季度，物美控股总计增持约907万股，而崔军则增持了约4552万股。

持股的变化也是财力实力的大比拼。据测算，物美控股为增持新华百货股份花费资金不少于2.5亿元，崔军耗费资金不少于10亿元。一家是零售巨头，一家是私募明星，谁更有财力谁就会赢得这场争夺赛的冠军。

不过，在巨头对决的背后，还有诸多不确定性因素。与最近两年零售企业纷纷收缩战线不同，物美控股选择了逆势扩张之路。今年初，物美控股以14亿元人民币收购在华亏损7年之久的百安居70%的股权，这项交易将扩大物美零售版图，但同时也存在着整合风险以及资金压力。此外，物美控股依然在全国主要城市增设新门店。物美持续的扩张举动，使得其不得不依靠举债进行新项目的投入。

2015年8月初，物美控股公开发行不超过30亿元的公司债券。在发债说明摘要中，物美控股承认，公司"债务以短期负债为主，存在一定的即期偿付压力。"与此同时，物美控股旗下香港上市的物美商业上半年净利润也只有2.5亿元。

与物美控股流动资金不足相比，崔军还能动用多少资金至今是个谜。但在"上海宝银创赢最具巴菲特潜力对冲基金3期"持有新华百货的6081万股中，有5100万股处于质押状态。因此，无论物美控股还是崔军，资金弊端都非常明显，争夺1%的控股权领先优势还存在相当的不确定性。

● 新华百货业绩继续低迷股权争夺陷入酣战

根据新华百货三季报披露，新华百货当期实现营业收入54.76亿元，同比增长8.97%；实现归属于上市公司股东的净利润为1.35亿元，同比下降41.71%。

新华百货投资性房地产和长期股权投资两项收入总计2.56亿元，分别比期初增长 621.21% 和 100.00%。这两项收入同时是其创造的净利润的近 2 倍。同时，对比年初数据，新华百货短期借款从 4 000 万元增加到 1.8 亿元，少数股东权益也从 1 079 万元降至 –923 万元，减少 185.52%。另外，新华百货经营活动现金流量净额同比下降 82.29%，筹资活动现金流量净额同比增加 241.83%。

在新华百货没能扭转公司持续 3 年净利润连续下滑的境况下，特别是主营的零售业务盈利不振、营业外收入担纲利润来源以及少数股东权益受损的情况下，新华百货的小股东普遍感到不满。"等三季报出来，一切都会一目了然。"

而崔军也不止一次强调，几次逼宫欲重组新华百货董事会的原因之一就是让其"重生"。

尽管崔军提议的包括更换董事以及与上市公司共同出资设立"伯克希尔控股有限公司"等 13 项议案全部被否决，但若新华百货经营情况不能扭转，崔军将不会善罢甘休。

自 2015 年 6 月股灾以来，崔军以及部分私募明星跃跃欲试，不断举牌甚至有意重组上市公司。但这个设想并没有获得新华百货的认同，致使崔军最终走到发起重组董事会的一步。有私募人士介绍，崔军志不在新华百货的管理，而是带动自己旗下的宝银创赢及兆赢投资实现转型，"从股权投资扩大到实业投资、产业投资"。

不过，中国至今没有自己的"伯克希尔公司"，新华百货董事会以及控股股东也不相信崔军可以扮演这样的角色。对于崔军提议设立"伯克希尔公司"的议案，新华百货董事会曾表示，该提案涉及金额巨大，不符合公司既定发展方向。对崔军提议罢免现有董事的议案，更直指崔军对公司董事会及相关董事不尊重。

新华百货现有主业为百货的零售与批发，其控股股东物美控股也聚焦于此。需要指出的是，新华百货自 9 月 17 日停牌以来，更申请从 2015 年 10 月 8 日起停牌不超过一个月以筹划重大资产重组事项。这一停牌之举，在暂停物美控股和崔军之间的股权争夺战的同时，物美控股旗下未上市资产包括美廉美、浙江供销、老大房超市和京北大世界等品牌会否纳入新华百货重组标的，将成为结束这场股权争夺战和新华百货获取新竞争力的关键。

客观来说，物美收购新华百货之后，对这家公司的管理控制做得很到位，是一个合格的大股东。也因此，物美不能认同私募将新华百货改造成金融公司的想法，现在发生这种激烈的股权争夺，背后是从资本、利益到价值观的多重碰撞。

● 股权大战白热化，崔军上位大股东

时间进展到12月，崔军与"物美系"之间的新华百货股权大战已经持续了大半年，这场旷日持久的股权拉锯战，终于在年底进入全面白热化。

12月9日，新华百货（600785）披露，崔军近日通过旗下两家公司增持新华百货2%~32%，取代物美系成为新华百货第一大股东，但仍非实际控制人。

具体而言，宝银创赢持有新华百货30.77%股份，兆赢投资持有新华百货1.23%股份。此前，宝银创赢与兆赢投资在不到8个月的时间内已连续6次举牌新华百货，并多次向新华百货董事会要求改选董事会，并称成立伯克希尔控股有限公司，将新华百货打造成世界级别的公司。不过，新华百货董事会并未采纳崔军的建议。

在多次被拒后，崔军对新华百货控制权的竞夺日趋激烈，其连续举牌的行为显然突破了传统意义上的财务投资。当然，面对崔军的连续举牌，物美系也进行了回击。7月中旬，物美系也持续增持新华百货，截至目前，物美系共持有新华百货30.94%的股权。

然而，崔军经过6次举牌达到要约收购后，并未停止增持新华百货。按照规定，增持至30%后，崔军可在豁免要约收购义务的前提下，每12个月增持新华百货2%。结果，崔军最终实施了2%的增持计划，这意味着在接下来的12个月内，崔军无法继续在二级市场公开增持新华百货，客观上为物美系的反击提供了可能性。

按照崔军的行事风格，后期不排除继续要求新华百货改选董事会的可能性，而物美系则可以通过增持或缔结一致行动人赶超崔军的持股比例，重夺第

一大股东位置。

● 新华百货不甘落败，警告慎用要约收购

在丧失第一大股东地位后，"物美系"针对崔军的"威胁"立即展开了回击。新华百货（600785）今日披露，崔军旗下公司宝银创赢及兆赢投资若继续以要约收购方式增持新华百货，将导致新华百货丧失上市资格，颇具警告意味。

物美系的警告并非毫无因由，12月8日，宝银创赢及兆赢投资公开增持新华百货2%股份，持股比例上升至32%，取代物美系成员物美控股集团（持股30.94%）成为新华百货第一大股东。同时，宝银创赢及兆赢投资还宣称未来12个月内存在继续以要约收购或其他方式增持新华百货的可能性。

所谓要约收购，是指收购人向被收购的公司发出收购的公告，待被收购上市公司确认后，方可实行收购行为。按照上市公司收购管理办法，崔军在连续6次举牌新华百货至持股30%后，可在豁免要约收购的前提下每12个月内最多增持新华百货2%股份。

目前崔军已完成了2%的增持额度，理论上在接下来的12个月内，崔军不得在二级市场继续公开增持。需要说明的是，2015年7月上旬，证监会特别指出，上市公司大股东持股达到或超过30%的，可以不等待12个月立即增持2%股份。经过12月8日的增持，崔军持股比例已超过物美系，是新华百货新晋第一大股东，按照前款规定，崔军对新华百货下一个2%的增持存在可想象的操作空间。

但是30%的要约收购红线显然不能绝对阻止崔军对新华百货的进一步增持，因为按照上市公司收购管理办法的规定，崔军可以直接以要约收购方式增持新华百货，其要求是要约收购的预定收购比例不得低于上市公司已发行股份的5%。

换言之，崔军下一步可在持股32%的基础上向新华百货全体股东发出收购要约，至少可收购5%股份，若该举措成功实施，崔军持股比例将至少攀升

至37%。回溯宝银创赢及兆赢投资对新华百货展开的连番举牌，崔军对新华百货控制权志在必得，后续实施要约收购的可能性极大。

物美系的反击正是针对上述潜在的要约收购，新华百货称目前公司非社会公众股已达70.32%，包括崔军所持32%股份、物美系及其一致行动人所持30.94%股份及剩余7.38%的非社会公众股。若崔军强行以要约收购方式至少收购新华百货5%股份，此举将导致新华百货非社会公众股超过75%。按照相关规定，新华百货总股本为2.26亿股，低于4亿股，其社会公众股比例不得低于25%，由此，崔军要约收购或将令新华百货面临退市风险。

此处的关键在于，新华百货非社会公众股的认定，按照新华百货今日的公告，该公司不仅将崔军、物美系及其一致行动人的持股认定为非社会公众股，还将另外的7.38%股份认定为非社会公众股，但该部分股权的具体持有人，新华百货并未披露。若物美系的理由成立，那么崔军显然无法立即公开增持或以要约收购方式收购新华百货，但这并不意味着崔军无法通过其他方式增持新华百货。事实上，崔军还可以通过缔结一致行动人的方式间接增持新华百货，从而提升持股优势。目前的问题是，崔军坐拥新华百货第一大股东的位置，却并非新华百货实际控制人，新华百货董事会依然掌控在物美系手中。

后期，物美系亦可通过增持或缔结一致行动人方式捍卫控股权，其与崔军就新华百货的控股权之争将持续演绎，尚未看到终结迹象。

宝银创赢虽然成为新华百货的第一大股东，但非实际控制人。崔军方面虽然表态不排除发起"要约收购"，但同时表示，在新华百货面临退市风险的情形下，不会以要约方式收购股份。阳光私募基金在与产业资本的争夺中，可能仍缺乏长期"战斗"的实力。

新华百货披露了宝银创赢的《收购报告书》，在合计持股比例已经达到32%的基础上，崔军方面表态未来不排除发起"要约收购"，但在新华百货面临退市风险的情形下，宝银创赢不会以要约方式收购新华百货股份。

收购报告书显示，12月8日，宝银创赢旗下基金"上海宝银创赢最具巴菲特潜力对冲基金3期"账户通过上交所交易系统增持新华百货股份，占新华百货已发行总股份的 2%，导致宝银创赢及其一致行动人合计持有新华百货 32% 的股份，此次增持的价格区间为 29.31~33.75 元。

在一些观察人士看来，这事实上已经堵住了未来继续增持的可能性。此前，新华百货已经对可能发生的要约收购提出警告，称截至 2015 年 12 月 9 日，新华百货非社会公众股的持股比例已达 70.322%，宝银创赢如以要约方式收购新华百货股份（不低于 5%），公司将因不具备上市条件而面临退市。

崔军或许已经在为流动性做储备，一个途径是股票质押式回购业务。据披露，今年 9 月 9 日，宝银创赢已将"宝银创赢最具巴菲特潜力对冲基金 3 期"所持有的新华百货 5 100 万股（占新华百货股份总数 22.06%）质押给天风证券，约定的回购交易日为 2016 年 3 月 8 日。为此，崔军最终取得了实质性的胜利。（本文根据相关的媒体报道进行整理）

概念释义

- 举牌：收购活动的一部分，指在交易或拍卖以及合作时，报明相关的价格。为保护中小投资者利益，防止机构大户操纵股价，《证券法》规定，投资者持有一个上市公司已发行股份的 5% 时，应在该事实发生之日起 3 日内，向国务院证券监督管理机构、证券交易所作出书面报告，通知该上市公司并予以公告，并且履行有关法律规定的义务。业内称为"举牌"。

- 停牌：是指股票由于某种消息或进行某种活动引起股价的连续上涨或下跌，由证券交易所暂停其在股票市场上进行交易。待情况澄清或企业恢复正常后，再复牌在交易所挂牌交易。

- 要约收购：是指收购人向被收购的公司发出收购的公告，待被收购上市公司确认后，方可实行收购行为。它是各国证券市场最主要的收购形式，通过公开向全体股东发出要约，达到控制目标公司的目的。要约收购是一种特殊的证券交易行为，其标的为上市公司的全部依法发行的股份。

2012~2016年崔军历年新年致股东书

陕西创赢投资董事长崔军：2012年新年致投资者的一封信

亲爱的投资者：大家新年好！祝大家龙年大发，万事如意，阖家欢乐。祝股市龙年升天，历史上龙年股市表现得都比较好。2011年感谢您对创赢投资的信任，过去的一年，很多高估值的股票跌得非常凄惨，我们坚定投资有价值的公司，坚持安全边际原则，准确理解了股神巴菲特的正确投资思想。坚持用0.4元的价格买进价值1元的东西。投资上的核心理念是：我们的盈利来自企业本身，我们深刻理解到：投资证券市场的盈利应该来自上市公司本身，来自公司成长带来的资本增值。这种盈利模式对于市场所有参与者而言是共赢的。

正是由于我们坚持价值投资，才使我们免遭灭顶之灾，很多投机高手在2011年由于买悬崖上的股票都被市场清理掉了，清盘的基金创出新高，正是我们坚持价值投资，在大盘闪电上涨前，我们已经在场，虽然有些基金以空仓回避了市场下跌，但同样在大盘闪电上涨时被踏空的基金也是非常多的。

2012年1月20日，在短短的20天时间里，我们创赢1号的净值已上升了10%以上。2012年1月20日收盘时，陕国投·创赢1号净值达到92.76元。同时，在2011年3月1日接手创赢1号的当日，大盘是2 918点（沪深300指数3 241点），我们的净值是89.58元，今天上证指数收报2 319点（沪深300指数2 504点）。同期大盘下跌20.53%（沪深300指数下跌22.74%），我们净值上涨3.55%，在11个月不到的时间里，我们已经跑赢了上证指数30.3%（跑赢沪深300指数34.03%），真正能跑赢大盘的基金也就只有10%左右，相信一年后我们的净值会远远超越大盘。

我们创赢2号由于可单一持股和股指期货对冲，业绩表现更佳，去年阳光私募普遍亏损，创新策略型私募表现相对突出。据私募排排网统计，平均业绩远胜大盘和传统私募。其中，创赢理财管理的合伙制对冲产品"创赢2号"以48.51%的年收益获得冠军。

创赢投资的股指期货对冲基金的目标就是：追求稳定的每年30%左右的绝对回报，如果每年有30%的复利，那理论上我们10年就有可能获利13.78倍，20年就可获利190倍，这就是复利的威力。

我们的优势：有极强的选股能力，选的股票组合能远远跑赢大盘。比如我们创赢1号在11个月时间跑赢沪深300指数34%，根据股指期货对冲可把这个相对收益转化成绝对收益。

对冲方案，收益比较确定。追求稳定的绝对回报。70%买股票，选择低估值有安全边际业绩高速增长的股票配置；14%资金在股指期货上卖空做保值，由于股指期货有5倍的杠杆，因此就完全对冲掉股票指数波动的风险，还有14%的资金作为预备保证金留在场外对应股指异常上涨。最后2%的资金做基金的维护费。这些比例确定之后，就不做任何调整。追求的是全天候正回报，这是投资的终极目标，不管市场天气好坏都是赚钱的，只是赚多赚少的问题。在基金获利20%以后，我们会采用比较灵活和激进的对冲方案，遇到大牛市，也不会跑输市场。

陕西创赢投资理财有限公司　上海宝银投资咨询有限公司

董事长：崔军

2012年1月21日

2013年崔军董事长致投资者一封信：
客户的信任是最大的动力

亲爱的投资者：祝大家2013年元旦快乐！万事如意，合家欢乐。2012年A股熊霸全球，2012年可用悲催来形容私募基金，继2011年阳光私募全年"非正常死亡"数量突破百只之后，今年更是雪上加霜。来自私募排排网的最新统计数据显示，除去正常清算的阳光私募外，仅今年前11个月，全国已经清算的阳光私募产品共有331只，其中提前清算的就达到了112只，与2011年相比，这个数字同比大幅增长了50%。

感谢各位投资者对创赢投资的信任，我们创赢投资管理的五个基金在2012年全部取得绝对的正收益。其中创赢2号对冲基金，2012年获利累计达60.32%，并荣获2012年股票多空策略对冲基金业绩第一名。唯一一个没有采取对冲策略的陕国投·创赢1号2012年也获利24.39%，也进入了阳光私募前10强名单。另外，在2012年内成立的、时间只有3~6个月的3个对冲基金，在2012年均获得了12%~20%左右的绝对正收益。

我们之所以能取得这样的成绩，在于我们坚定投资有价值的公司，坚持安全边际原则，准确理解了股神巴菲特的正确投资思想。坚持用0.4元的价格买进价值1元的东西。我们在投资上的核心理念是：我们的盈利来自企业本身，我们深刻理解到：投资证券市场的盈利应该来自上市公司本身，来自公司成长带来的资本增值。这种盈利模式对于市场所有参与者而言是共赢的。

另外关键的一点是大盘闪电上涨前你必须在场。2012年12月3日创赢投资已经提前重仓在场！陕国投·创赢1号股票信托基金净值在第四季度闪电上涨37.5%，可见，价值投资是永恒的主题。沃伦·巴菲特说，你应该在别人不感兴趣的时候感兴趣。彼得·林奇说，不管如何，股价大跌且严重低估，就是一个最佳的投资时机。巨大的财富往往就是在这种股市大跌中才有机会赚到的。

我们的价值性对冲投资策略现在已经越来越成熟，我坚信我们的价值性对冲投资策略将永不过时，不管市场有多少风云变幻，不管资金的大小多少，我们都能够持续打败市场，战胜大盘。因为我们会像保护生命一样先在保护客户资金安全的情况下再去追求高收益。我们将会持之以恒地保持理性。投资成功，永不亏损的秘诀精炼成四个字就是——"安全边际"。安全边际原则非常正确，非常有效，永远是投资成功的基石。巴菲特强调：第一，永远不要亏损；第二，永远记住第一条。1965~2011年，这47年间巴菲特的投资业绩翻了 5 255 倍，是同期美国股市涨幅的 388 倍。假如你给巴菲特 1 万元，47 年后巴菲特就会给你变成 5 255 万元，我们的目的就是打造成中国的伯克希尔·哈撒韦公司，我们的理想就是要成为中国的巴菲特，希望每年为客户获得 30%~50% 的复利收入，10 年后为客户获利 13.78~50 倍，20 年后为客户获利 190~2 500 倍。我们创赢 2 号成立 3 年以来每年都获得了绝对的正收益，平均每年获利 55%，每年的复利增长达到了 40% 左右。而且创赢 2 号运作这 3 年大盘都处于下跌周期中。相信 10 年后我们会和客户一起成长，为客户带来巨大的复利收入。爱因斯坦说，人们所知道的最大的奇迹是什么呢，是复利。富兰克林说，复利这块神奇的石头能够把铅变成金子。巴菲特之所以今天拥有巨大的财富，就在于复利。

可能大家对复利的力量还没有充分的认知，那么你不妨回家做一个简单的小游戏，找一张普通的白纸，然后把这张白纸连续的折叠。一张白纸的厚度一般是 0.1 毫米，那么你连续对折 52 次之后，高度会是多少呢？一张白纸连续折叠 52 次高度可达 2.25 万亿公里。地球到太阳的距离只有 1.5 万亿公里，那么连续折叠 52 次之后比地球到太阳的距离还要高 50%。我们最重要的是做每次投资都必须盈利，就能达到这种目标。

2013 年请各位客户把握机会，可追加投资，我们认为 A 股下轮牛市想象空间巨大，2007 年 10 月，市场涨至最高点时，市值大概是 40 万亿元（包括 H 股），当年我国国内生产总值（GDP）总量为 26 万亿元，市值 GDP 比约为 1.5（国外发达国家经验，股市泡沫高点的市值 GDP 比一般在 1.5 附近）。2008 年底上证指数跌到 1 664 点时，市值约为 10 万亿元，当年 GDP 为 31 万亿元，市值 GDP 比值为 0.32。2012 年 12 月 4 日，股市市值约为 18.78 万亿元，2011 年国内生产总值 47.1564 万亿元假设今年我国 GDP 增速为 7.5%，那全年 GDP 水平为 50.69 亿元，当前市值 GDP 比值为 0.37。如果股票市值是 GDP 的 1~1.5 倍，股市的市值将上涨 170%~305%。有网友说：A 股已经成为万劫不复之地，珍爱生命远离股市（出现这种言论也应该是大底的标志）。

最后感谢一直信任我们的投资者，在熊市弥漫的 2012 年，我们的业绩能远远跑赢大盘，所有基金全部取得正收益。相信在充满机遇和期待的 2013 年甚至未来 20 年，我们会取得更辉煌的业绩。让我们一起携手，无论未来市场有多少风云变幻，让我们共同支持和勉励，迎接中国资本市场最值得期待的机会！

祝各位投资者身体健康，家庭幸福，富足快乐，享受美满人生！

陕西创赢投资理财有限公司　上海宝银创赢投资管理有限公司

董事长：崔军

2013 年 1 月 1 日

上海宝银创赢投资崔军 2014 年致客户的一封信

亲爱的投资者：新年好！祝大家 2014 年万马奔腾，黑马狂奔，马到成功，飞黄腾达，万事如意，合家欢乐！2013 年纵观全年，沪指全年跌 153.15 点，跌幅 6.75%；深成指跌 994.69 点，跌幅 10.91%。创业板指全年大涨 590.58 点，涨幅 82.73%。无疑创业板 2013 年出现牛市，但我们坚信任何创业板的牛市最终都将遭遇惨败。

让我们回顾 2011~2012 年创业板的暴跌，2011 年 1 月也是创业板在涨了 48% 以后从 1 239 点狂跌到 2012 年的 585 点，暴跌了 52%。

2011 年九成私募遭遇了亏损，更有多达 152 只私募清盘。2012 年私募基金可谓伤亡惨重，有关数据统计，除去正常清算的阳光私募外，仅前 11 个月，全国已经清算的阳光私募产品共有 331 只，其中提前清算的就达到了 112 只，与 2011 年相比，大幅增长了 50%。2012 年已成为私募基金的"清盘年"，很多投机高手在 2011 年由于买悬崖上的股票都被市场清理掉了。我们正是坚持价值投资，持之以恒的保持理性，坚守投资成功的基石——"安全边际"原则。创赢 2 号 2011 年获利 48.51%，获得创新私募冠军。2012 年获利累计达 60.32%，并荣获 2012 年股票多空策略对冲基金业绩第一名。

创业板现在市盈率高达 61 倍，我们坚信任何创业板的牛市最终都将遭遇惨败。我们之所以不参与创业板的股票，因为我们不想遭遇惨败，我们要成为一个非常聪明的投资者,因为无论如何谨慎,每个投资者都免不了会犯错误,只有坚持巴菲特的安全边际原则。无论一笔投资看起来多么令人神往,永远不要支付过高的价格,你才能使你犯错误的概率最小化。股票并非是一个交易代码和电子信号,而是表明拥有一个实实在在的企业的所有权,企业的内在价值并不依赖其股票价格,市场就像一个摆钟,永远在短命的乐观和不合理的悲观之间摆动。聪明的投资者是现实主义者,他们向乐观主义者卖出股票,并从悲观主义者手中买进股票。

我们正是由于坚持做一名聪明的投资者,我们的基金才从2011年3月1日的1个发展到现在的15个基金,并连续获得多次股票交易的冠军。

上海宝银创赢投资董事长崔军五次获得股票比赛冠军:

1998年获得全国博经闻荐股比赛冠军;

2001年获得万联杯实盘股票比赛冠军;

2010年度在中国私募基金风云榜大赛中获得了最具潜力私募精英冠军,总收益率达287.02%,几乎是同组第二名的两倍;

2011年获利48.51%,获得创新私募冠军;

2012年获利累计达60.32%,荣获2012年股票多空策略对冲基金业绩第一名。

上证指数已经从2007年的6 124点下跌第七个年头了,2014年我们即将与上证指数牛市拥抱了,强调一点不是创业板。因为上证指数的平均市盈率只有9.4倍,创业板平均市盈率高达61倍。

即将成立的创赢18号基金,是一只为特定客户定制的基金,特定客户要求不要对外开放,为维护所有客户的利益,特别与特定客户沟通而开放少量名额,如有意向请与公司客服直接联系。最后衷心地感谢尊敬的各位投资者多年来对我们一路的信任与支持!

上海宝银创赢投资管理有限公司

董事长:崔军

2014年1月5日

上海宝银创赢崔军：2015年致投资者的一封信
2015年中国股市将迎来牛市爆炸性的第三浪上涨

亲爱的投资者：祝大家2015年羊年发洋财，万事如意，合家欢乐！我从2011年3月1日收购陕国投·创赢1号这只信托产品进军私募以来，正式管理这个基金时当时上证指数的点位是3 000点左右，基金净值是89.58元，但到现在该基金已经挣了80%以上。这还是我们表现比较平稳的一个基金，因为这只基金是我们唯一不能用股指期货进行对冲的基金，但我们的一些对冲基金获利更高。

2014年我们旗下"最具巴菲特潜力对冲基金1期"以303.6%收益夺得私募冠军，并被500倍基金网评为最具巴菲特潜力基金经理，2014年私募基金收益前十排行宝银创赢十席占据四席。旗下8只基金年度收益超过100%。"最具巴菲特潜力对冲基金5期"12月15日成立的半个月收益高达50%以上。2014年，我们旗下管理的29个基金全部取得绝对正收益，并且连续4个月取得全国冠军：创赢18号在9月获利14.87%，创赢11号10月获利45%，11月最具巴菲特潜力对冲基金1期月度获利65%，第三次月度夺得私募冠军，12月最具巴菲特潜力对冲基金1期获利245.27%，无争议问鼎12月月度私募冠军。这样一来，创赢投资管理旗下29只基金平均收益达到60%~300%。

2013年前两个月获得50%以上收益，在1 415个基金业绩排名中创赢投资占据全国前三席；

2012年创赢2号以60.32%业绩获得股票多空策略冠军；

2011年创赢2号以48.51%的收益获得创新私募冠军；

2010年度在朝阳永续·同信证券中国私募基金风云榜大赛中获得了最具潜力私募精英冠军，总收益率达287.02%，几乎是同组第二名的两倍。

投资成功，永不亏损的秘诀精炼成四个字就是——"安全边际"。安全边际原则非常正确、非常有效，永远是投资成功的基石。巴菲特强调：第一，永远不要亏损；第二，永远记住第一条。1965~2015年，这50年时间巴菲特的伯克希尔·哈撒韦公司从7美元上涨到22万美元1股，股价涨了3万倍，巴菲特平均每年获利600倍，这个业绩没人能够超越。实际上这就是巴菲特每年24.5%的复利结果。假如你给巴菲特1万元，50年后巴菲特就会给你变成3亿元，我们的目标就是打造成中国的伯克希尔·哈撒韦公司，我的理想就是要成为中国的巴菲特。爱因斯坦说，人们所知道的最大奇迹是什么呢？是复利。富兰克林说，复利这块神奇的石头能够把铅变成金子。巴菲特之所以今天拥有巨大的财富，就在于复利。如果100万每年挣30%的复利，10年资金将增值到1 379万元，20年资金将增值到1.9亿元，30年资金将增值到26.2亿元，40年资金将增值到361亿元，50年资金将增值到4 979亿元。我的目标就是通过运用复利的威力和安全边际原则，使我们的投资人10年、20年后都变成亿万富翁。我也希望我们的客户能长期投资我们的基金。

由于我们2011年3月才正式进军私募，时间还不长。但500倍基金网选出的最具巴菲特潜力基金经理要推算他10年后到50年后的业绩，希望选出的基金经理50年后能为客户挣3万倍，所以把我们的一些经典案例做了一些推算。推算出假如客户在2005年购买我们的基金持有9年不动的话获利为2 695倍。平均每年是300倍，这也是复利的威力。

我们判断现在已经进入牛市，现在是牛市的第二浪调整，大盘未来几个月即将展开牛市的暴涨性第三浪上涨。我们未来的标的股票在两年后将有可能出现10倍的上涨，大盘将在2017年上涨到6 000~8 000点，请各位客户千万不要提前离开飞奔的牛市火车，一定要抓紧上车，我的一个客户去年10月挣了75%，本来是要进"最具巴菲特潜力对冲基金1期"的，但她恐高，想等大盘回调再进我们的基金，没有马上进入我们"最具巴菲特潜力对冲基金1期"，但在短短两个月时间错失了357%的收益，现在后悔万分，要从加拿大飞回来买我们基金。

在牛市中选股非常重要，一定要选到价值低估的股票，并且业绩高速增长的股票，这才是未来的10倍股，在未来的牛市中一定要有挣10倍的准备，大盘闪电上涨前你必须在场，价值投资是永恒主题。我们善于把握每次闪电上涨的行情。请各位客户千万不要再错过闪电上涨的机会。

通过对标准普尔500种股价指数的统计：从1926年到1996年，在这段漫长的70年里，股票所有的报酬率几乎都是在表现最好的60个月内缔造的，这60个月只占全部862个月的7%而已。要是我们能够知道是哪些月份，想想看获利会有多高！但是，我们做不到，以后也不可能做到。我们的确知道一个简单而珍贵的事实，就是如果我们错过了这些表现绝佳，但不算太多的60个月，我们会错失掉整整60年才能积累到，而且几乎等于所有的投资报酬率。其中的教训很清楚："闪电打下来时，你必须在场。"所以希望我们的客户能长期持有我们的基金，不要太在意我们基金的波动，我们在2008年的金融危机中投资的赛马实业（现在改为宁夏建材）当时跑赢大盘267.16%。2007年10月15日大盘6 030点时赛马收盘价15.5元。2009年2月25日大盘最高2 234点，大盘下跌3 796点，大盘下跌了62.95%。赛马实业最高涨到30.38元（分红0.18元），还上涨了97.16%。我坚信我们的价值投资策略将永不过时，不管市场有多少风云变幻，不管资金的大小，我们都能够持续打败市场，战胜大盘。因为我们会像保护生命一样先在保护客户资金安全的情况下再去追求高收益，我们将会持之以恒地保持理性。

上海宝银创赢投资管理有限公司

董事长：崔军

2015年2月5日

上海宝银创赢崔军：2016年致投资者的一封信
宝银创赢会坚定做一个聪明的投资者
未来1~6个月我们基金将闪电上涨

亲爱的投资者：

根据Wind的统计，在2015年6月股灾过后截至年底，2015年私募基金清盘数量达到 5 611 只，较之于 2014 年增长 46.21%。很多产品存活期未超过一个月。我们宝银创赢的基金的业绩独占鳌头，在股灾中反而获益 10 亿元，2015 年客户全部都是获利的，净值还创出 5 178 点的新高。2015 年我们最具巴菲特潜力杠杆对冲 1 期基金获利 608% 蝉联私募冠军，最具巴菲特潜力 500 倍 1 期对冲基金获利 337% 获得季军，恭喜我们所有的客户新年大发，新年快乐！正因为我们坚守价值投资，我们旗下基金数量已经从 2011 年 3 月 1 日的 1 只基金发展到 2016 年的 50 多只基金，现在我们已经成为大型的私募基金，可以轻松收购几个上市公司了。

我们反向并购举牌基金将是永恒的主题。我们今年将准备收购 3 个价值低估的上市公司，预计未来 1~6 个月左右我们基金还将闪电上涨，又将会为客户获取巨大收益。客户的信任是最大的动力，两天前有位客户电话过来对我们基金业绩非常肯定，说我们基金是 2015 年表现最优秀的基金，他也非常庆幸只买了我们的基金，一些第三方推荐他买别的私募基金亏的他没买，买的话都基本清盘、亏损。他诚恳地说，能跟我们宝银创赢合作的第三方应该感到非常庆幸，买我们的基金客户睡得着，不会像有些亏损的客户做出一些极端的事情。选择买我们基金的客户都非常幸运。就像巴菲特说的那句话："只有潮水退后才知道谁在裸泳。"谁是金子谁是沙子才看得清楚，这位客户一共追加买入我们基金 7 000 万元左右，还准备长期持有我们的基金。

我的《中国巴菲特——私募崔军的创富秘籍》一书即将发行，希望我们所有客户都成为聪明的投资者，跟宝银创赢不要做一夜情，能长相厮守，请千万在我们的基金中不要短线操作，这样客户容易错过闪电的上涨机会。我们也希望用复利为客户创造巨大财富。打造中国的巴菲特式基金。像巴菲特一样 50 年为投资者获利 3 万倍。希望所有聪明的投资者都配置我们的基金。正如巴菲特说过："股市的行为越愚蠢，聪明的投资者面对的机会就越大。你就越能从股市的愚蠢行为中获利，而不会成为愚蠢行为的参与者。在我的血管里，80% 流淌着格雷厄姆的血液"。

我们判断 2016~2017 年的上证指数高点应该在 7 500~11 000 点。我们看好未来股市，相信在未来 10 年中国股市必将成为世界之最。这次股灾市场上几乎所有的高风险的投机高手都被市场清理掉了。我们投资的核心理念是：投资证券市场的盈利应该来自上市公司本身，来自公司成长带来的资本增值。这种盈利模式对于市场所有参与者而言都是共赢的。

我的投资理念 70% 是复制巴菲特的价值投资，并且是灵活的价值投资，只买最低估的，业绩增长最快的。巴菲特的老师格雷厄姆说：我把投资成功，永不亏损的秘诀精炼成四个字——"安全边际"。巴菲特 19 岁就从格雷厄姆的书中读到了"安全边际"原则，现在他 85 岁了，做了一辈子投资，他感叹："安全边际原则仍然非常正确、非常有效，永远是投资成功的基石。"巴菲特强调：第一，不要亏损；第二，永远记住第一条。那么，怎么样才能做到永远不要亏损呢？用巴菲特的话来说：就是用 0.4 元的价格去购买价值 1 元钱的股票。这样才永远不会亏损。1965~2015 年，这 50 年间巴菲特的投资业绩翻了 3 万多倍，他简直是拥有一个点石成金的金手指。我们也同样永远坚守着安全边际原则，这也是为什么在这次的股灾当中我们反而为客户赚到了 10 亿元的利润。

有人问巴菲特为何比上帝更富有？巴菲特回答说："我何以至此，在我的事业中相当简单，他不是智商问题，我相信你们也乐于听我这么说。关键是理性，持之以恒的理性。"巴菲特之所以伟大，不在于在他在 85 岁的时候拥有了 720 亿美元的财富，而在于他在年轻的时候想明白了许多事情，然后用一生的岁月来坚守。

我们坚信未来 3 年的时间能为客户带来巨大回报。我们未来的标的股票在两年后将有可能出现 10 倍的上涨。

大盘闪电上涨前你必须在场，价值投资是永恒主题。我们善于把握每次闪电上涨的行情。请客户千万不要再错过闪电上涨的机会。因为对标准普尔 500 种股价指数的统计：从 1926 年到 1996 年，在这段漫长的 70 年里，股票所有的报酬率几乎都是在表现最好的 60 个月内缔造的，这 60 个月只占全部 862 个月的7%而已。要是我们能够知道是哪些月份，想想看获利会有多高！但是，我们做不到，以后也不可能做到。我们的确知道一个简单而珍贵的事实，就是如果我们错过了这些表现绝佳，但不算太多的60个月，我们会错失掉整整60年才能积累到，而且几乎等于所有的投资报酬率。其中的教训很清楚："闪电打下来时，你必须在场。"所以希望我们的客户能长期持有我们的基金，不要太在意我们基金的波动，我们在2008年的金融危机中投资的赛马实业（现在改为宁夏建材）当时跑赢大盘267.16%。2007年10月15日大盘6 030点时赛马收盘价15.5元。2009年2月25日大盘最高2 234点，大盘下跌3 796点，大盘下跌了62.95%，赛马实业最高涨到30.38元（分红0.18元），还上涨了97.16元。我坚信我们的价值投资策略将永不过时，不管市场有多少风云变幻，不管资金的大小，我们都能够持续打败市场，战胜大盘。因为我们会像保护生命一样先在保护客户资金安全的情况下再去追求高收益，我们将会持之以恒地保持理性。

上海宝银创赢投资管理有限公司

董事长：崔军

2016年1月3日

银行优先股的最优方案设计

为响应新国九条，上海宝银创赢投资管理有限公司特邀请部分上市银行董事长代表、部分银行大股东、部分保险资金首席投资官、一些大型私募基金董事长和明星银行研究员共同研讨银行发行优先股的最优方案。研究出的最优方案将报送给证监会和银监会，希望该最优方案能得到证监会和银监会的大力支持。以下是上海宝银创赢投资管理有限公司在研讨会中提交的有关其中3家上市银行发行优先股的最优方案样本，特公告如下：

关于北京银行发行优先股的最优方案设计

（北京银行市场价格 7.77 元）

对《北京银行发行优先股》的建议：

依据中国银监会、中国证监会于 2014 年 4 月 18 日所颁布的关于商业银行发行优先股补充一级资本的指导意见，建议北京银行以非公开发行方式发行在触发事件发生时可强制转换为普通股的优先股 200 亿元，对于以上优先股股东可每年支付 7%~10% 的股息。用发行优先股所募集资金中的 100 亿元回购普通股并予以注销，另外 100 亿元用于补充资本金，同时制定回购股票的价格上限。例如回购股票的价格上限为 9 元，同时设定强制转股价格为 18 元，触发事件为当股价涨到 23 元以上时强制所有优先股东全部以 18 元的价格转为普通股。该方案实施后将会为北京银行在未来的几年完成 100 亿元的无风险套利，白挣 100 亿元，另外为优先股东配售 200 亿可在 10 元行权的 5 年内有效的认股权证，有效期内可随时选择行权。我们估算 2014 年 6 月 30 日北京银行每股净资产应该达到 10 元。如果股价超过 10 元，优先股东肯定会选择行权，优先股东 5 年可无风险获利，我们推算北京银行每年每股可获利 2 元，即便业绩没有增长，5 年后每股净资产也会达到 20 元。5 年有效期的认股权证将为优先股东无风险套利 200 亿元以上。我们正准备成立 50 亿元到 100 亿元规模的上海宝银创赢优先股基金，该基金专门认购银行优先股，基金锁定期为 5 年，每位客户每年获取 7%~10% 的无风险收益，基金每年进行分红。基金获得的认股权证又可获得无成本的翻倍机会，其结果是所有股东都达到共赢。

目前中国资本市场环境是非常有利于实施以上方案的。现在银行股总体估值处于近 20 年来的最低位，北京银行只有 3.8 倍的市盈率，从价值投资的角度来评估，是绝对被低估了，以每年业绩回报率 26% 来推算，以上方案中所回购的 100 亿元普通股每年能产生 20 亿~26 亿元的收入，这足以满足支付给优先股东每年 14 亿元的优先股股息，并且所回购的 100 亿元股票的净资产在 5

年后肯定会增至 200 亿元。

现在回购股票并进行注销将会使所有股东共赢,此机会千载难逢!

关于民生银行发行优先股的最优方案设计

(A 股市场价格 7.4 元、H 股市场价格 8.13 港币折人民币 6.5 元)

依据中国银监会、中国证监会于 2014 年 4 月 18 日所颁布的关于商业银行发行优先股补充一级资本的指导意见,民生银行可以以非公开发行方式发行在触发事件发生时可强制转换为普通股的优先股 600 亿元,A 股和 H 股各发 300 亿元。对于以上优先股股东可每年支付 7%~10% 的股息。用发行优先股所募集资金中的 300 亿元回购普通股并予以注销,另外 300 亿元用于补充资本金,同时制定回购股票的价格上限。例如回购股票的价格上限为 9 元,同时设定强制转股价格为 18 元,触发事件为当股价涨到 21 元以上时强制所有优先股东全部以 18 元的价格转为普通股。该方案实施后将会为民生银行在未来的几年完成 300 亿元的无风险套利,白挣 300 亿元,其结果是所有股东都达到共赢。

另外为优先股东配售 600 亿元对应在 9 元人民币行权的 5 年内有效的认股权证,可随时选择行权。如果股价超过 9 元,优先股东肯定会选择行权,优先股东 5 年可无风险获利,我们推算民生银行 5 年后净资产会达到 20 元。5 年有效期的认股权证将为优先股东无风险套利 600 亿元以上。建议香港的 300 亿(375 亿港元左右)优先股向巴菲特配售。巴菲特对民生银行应该是比较感兴趣的。我们 5 月 3 日去参加了巴菲特的股东大会,巴菲特有大把现金正在寻求大象出击。在 5 月 5 日香港民生银行股价 7.58 港元(相当于 6.06 元人民币、市盈率 3.36 倍)时,我们到了伯克希尔·哈撒韦公司向巴菲特推荐了香港的民生银行 H 股,推荐后的民生银行股价已经上涨 7.25%。

目前中国资本市场环境是非常有利于实施以上方案的。现在银行股总体估值处于近 20 年来的最低位,民生银行 A 股只有 4.11 倍的市盈率,H 股只有 3.6 倍的市盈率,从价值投资的角度来评估,是绝对被低估了,以每年业绩回报率 27.7% 来推算，以上方案中所回购的 300 亿元普通股每年能产生 83.1 亿元的收入，这足以满足支付给优先股东每年 21 亿元的优先股股息，并且所回购的 300 亿元股票的净资产在 5 年后肯定会增至 600 亿元。

现在回购股票并进行注销将会使所有股东共赢，此机会千载难逢！

关于交通银行发行优先股的最优方案设计
（交通银行市场价格 3.77 元）

对交通银行发行优先股的建议：看到交通银行公告，包括董事长牛锡明等在内的 13 位董事和高级管理人员，分别于 5 月 13 日和 14 日以自有资金从二级市场购入该行 A 股股票，合计 56.31 万股。本次高管购股的成交价格区间为每股 3.75~3.77 元。这也是国内上市银行高管首次集体从二级市场自费购买公司股票。对于交通银行高管在低位回购股票我们表示强烈支持，这也符合巴菲特的价值投资思想，以 0.4 元的价格买 1 元的股票。交通银行现在市价 3.77元，只有净资产 5.92 元的 0.63 折。4.55 元参与定增的财政部和社保基金及汇丰银行账面都亏损了 17%。

交通银行股价现已绝对被低估，为提振股价，我们再次对交通银行发行优先股提出以下强烈建议，这些建议应该会使所有的股东达到共赢，希望所有上市银行能引起重视并采用。

依据中国银监会、中国证监会于 2014 年 4 月 18 日所颁布的关于商业银行发行优先股补充一级资本的指导意见，建议交通银行以非公开发行方式发行在触发事件发生时可强制转换为普通股的优先股 1 000 亿元，对于以上优先股可每年支付 7% 的股息。用发行优先股所募集资金中的 500 亿元回购普通股并予以注销，另外 500 亿元用于补充资本金，同时制定回购股票的价格上限。例如回购股票的价格上限可定为净资产 6 元左右，3.77 元涨 60% 才涨到 6 元，有足够的买入机会。同时设定强制转股价格为 12 元，触发事件为当股价涨到 15元以上时强制所有优先股东全部以 12 元的价格转为普通股。

另外，给交行认购 1 000 亿的优先股股东发一个 5 年内可在净资产买进 1 000 亿元交通银行股票的权证，在 5 年内可随时选择行权，也可以不行权，但只要股票涨到净资产以上优先股股东肯定会行权的，上市公司又可随时补充资本金，解决上市公司的后顾之忧。

该方案实施后将会为交通银行在未来的 5 年内完成 500 多亿元的无风险套利，获利 500 多亿元，因为交通银行 5 年后净资产预计达到 12 元，只要 5 年内来个牛市，其价格将肯定涨到 15 元以上，这时优先股强制转为普通股，增加了交通银行的资本充足率，上市公司全体股东又获利巨大。5.92 元行权的 1 000 亿优先股又增加了上市公司的资本金，优先股又完成无风险的套利，其结果是所有股东都达到共赢。

目前中国资本市场环境是非常有利于实施以上方案的。现在银行股总体估值处于近 20 年来的最低位，交通银行只有 3.77 倍的市盈率，从价值投资的角度来评估，是绝对被低估了，以每年业绩回报率 26.5% 来推算，以上方案中所回购的 500 亿元普通股每年能产生 132.6 亿元的收入，这足以满足支付给优先股东每年 70 亿元的优先股股息，并且所回购的 500 亿元股票的净资产在 5 年后肯定会增至 1 000 亿元以上。

2014 年 5 月 3 日我们参加了伯克希尔·哈撒韦公司的股东大会，股东大会上巴菲特先生分析美国股市表现强劲的原因是美国一直实行的是零利率，而且会一直实行下去。所以我们也强烈呼吁有关部门能降低银行存款利息及降低银行准备金，为中国股市进入牛市提供基础。

现在银行进行回购普通股票并进行注销将会使所有股东共赢，此机会千载难逢！上次我们发出强烈建议信后已经得到一些银行的重视，有些银行已经派代表到我公司商谈优先股的方案。我们再次强烈建议所有上市银行都采取我们这种类似的优先股方案：一半资金回购股票并予以注销，一半资金补充资本金，再发一定量的认股权证，股价涨高后强制优先股转成普通股，上市银行和优先股东都可进行这种无风险回购股票套利，希望所有上市银行对我们的回购股票方案高度重视。

我们坚信只要银行有一个回购的动作就可点起牛市的熊熊大火,在沪港通之前正好给银行一个最佳的回购机会。

上海宝银创赢投资管理有限公司

2014 年 6 月 6 日